오늘은 태안

바닷길 이야기　이백오십 리 아름다운 태안

오늘은 태안

초판	2015. 07. 01 01쇄 인쇄
초판	2015. 07. 13 01쇄 발행

지은이	김미정, 전현서
펴낸이	정장득
기 획	국립공원관리공단 태안해안국립공원사무소, 이야기 만드는 바띠
편 집	조형은, 박용희, 주지영, 원덕재, 이주리, 윤홍근
디자인	디자인멘토
만든곳	도서출판 얘기꾼
주 소	서울특별시 종로구 삼일대로 30길 21, 1101호.
전 화	070-8880-8202
팩 스	0505-361-9565
이메일	yegikkun@naver.com
등록번호	2013년 10월 28일 제300-2013-124호.

값 15,000원
ISBN 979-11-951525-4-4 03910

* 이 책은 국립공원관리공단 태안해안사무소의 아낌없는 지원과 도움으로 제작되었습니다.
* 이 책의 전부 또는 일부를 사용하려면 사전에 저작권자와 얘기꾼의 동의를 받아야 합니다.

이 도서의 국립중앙도서관 출판시도서목록(CIP)은 e-CIP홈페이지 (http://www.nl.go.kr/ecip)와 국가자료공동목록시스템(http://www.nl.go.kr/kolisnet)에서 이용하실 수 있습니다. (CIP 제어번호: CIP2015016395)

오늘은
대안

Prologue

상업지향의 여행사를 피하고 자연에 피해 주지 않으며 현지인의 문화를 이해하는 여행을 하자는 '페어 트레블'에 관심을 갖게 되면서 가장 먼저 태안 해변길이 떠올랐다. 언젠가부터 편안한 여행보다 불편한 여행이 더 매력적으로 다가왔고, 시외버스와 마을버스를 이용해 바다를 만나고 현지인과 나란히 걷는 해변길 여행이야말로 진정한 여행이 될 거라는 기대가 있었다.

새로운 세상을 만날 준비는 아주 가볍고 간결해야 부담 없이 떠날 수 있다. 사실 국내여행에는 많은 준비가 필요하지 않아서 마음을 활짝 여는 것만으로도 충분하다. 내 작은 꾸러미에는 물 한통과 오렌지 한 개 사탕 몇 알 그리고 여벌옷 하나가 들어있었다. 나머지 필요한 것들은 현지에서 얻을 수 있었고, 바람 따라 발길 닿는 대로 걷다가 배고프면 아무데나 들어가 그 곳의 토속음식을 먹고 처음 만나는 사람들과 이야기하는 일이 나를 설레게 했다. 그런 낯섦과 서툶이 공존하는 여정에서 조금씩 성숙해가는 나를 발견하고는 했다.

누구나 한 번쯤은 바다여행을 꿈꾼다. 흐르는 시간에 쉼은 없지만 가끔 쉼이 필요할 때가 아닐까 한다. 작은 꾸러미 하나 메고 바람이 머무는 곳으로 떠나보라고 권하고 싶다. 수평선을 바라보는 순간 크게 느껴졌던 근심도 한낱 모래알갱이처럼 작게 보이고, 시간은 천천히 흐르고 마음은 바다처럼 넓어질 것이다. 태안의 해변길은 바다를 곁에 두고 혹은 발밑에 두고 걷는 길이었다. 파도소리가 메아리 같은 울림으로 아직도 가슴에 머물러있다.

새는 하늘을 날기 전 화려한 날갯짓을 하지 않는다. 간결한 몸놀림으로 하늘로 차올라가 멋진 비행을 펼친다.

김미정, 전현서

contents

제1구간 바라길

01. 여행은 이렇게 시작되고 - 태안터미널   024

02. 분홍에 취하다 - 학암포로 가는 배롱나무 가로수길   027

03. 항구의 꿈 - 분점포구   030

04. 은빛 향연 - 학암포   034

05. 모두 바다를 향하고 - 구례포   038

06. 숲의 소리 - 먼동해변   044

07. 해녀에게 쓰는 편지 - 해녀마을   047

08. 뭐든 척 보면 안다 - 능파사   050

09. 일만 오천 년의 시간 - 신두리해안사구   052

10. 날마다 새 옷으로 - 두웅습지   058

11. 노을이 남기고 간 빛 - 신두리해변   062

제2구간 소원길

01. 세상을 밝게 해주는 사람들 - 설박키   068

02. 한가로이 잘 살았네 - 소근진성   071

03. 노인과 바다 - 안태배해변   074

04. 아름다운 바다색으로 마중 나오다 - 태배전망대   078

05. 동행 - 이원면방조제 희망벽화   082

06. 시간이 머문자리 - 가르미끝산   086

07. 반달쪽배에 발 담그고 - 구름포해변   090

08. 바다를 품은 사람들 - 수망산   093

09. 성숙한 향기 - 천리포수목원   096

10. 마루금을 따라 걷다 - 국사봉   101

11. 정서진에서 부르는 노래 - 만리포   104

제3구간 파도길

01. 뱃고동 울리면 - 모항   110

02. 풀꽃을 볼 때는 그랬지 - 모항저수지 가는 길   114

03. 숨비소리 들린다 - 어은돌   118

04. 바람소리 파도소리 - 파도리   121

05. 자염축제 - 근흥면 마금리 낭금마을   124

06. 꼭꼭 숨겨둘래 - 아치내해변   130

07. 금나와라 뚝딱 - 통개항   134

08. 해맞이 해변 - 연포   140

제4구간 솔모랫길

01. 남면우체국에서 엽서 한통을 쓰다 - 해변길 이정표 앞에서   146

02. 낭만이 필요할 때 - 몽산포   150

03. 발가락을 움직여보자 - 곰솔림   155

04. 원시의 바다 - 달산포   160

05. 신선하고 창백한 얼굴 - 청포대   163

06. 태초의 별주부를 만나다 - 거멍바위   166

07. 봉골레와 꽃게탕 - 마검포   168

08. 송홧가루 날리면 - 송화염전   172

09. 바람도 쉬고 햇살도 쉬고 - 드르니항   176

제 5 구간
노을길

01. 시작이라는 그 역동적인 설렘 - 백사장항 … 182

02. 너를 위하여 - 백사장해변 ~ 삼봉 전망대 … 187

03. 눈물이 아지랑이 되어 - 삼봉 … 191

04. 내면의 소음을 줄이는 일 - 사색의 길 … 194

05. 지킴으로써 얻어지는 것들 - 기지포 해안사구 … 198

06. 지나 온 길과 가야 할 길 - 두여전망대 … 202

07. 남은 시간 마중하기 - 두에기해변 … 206

08. 풍요로운 젓개 - 방포 … 210

09. 사랑의 해변 - 꽃지 … 214

10. 딴뚝에서 하룻밤 - 딴뚝마을 … 218

11. 오래된 그리움 - 태안승언리 상여 … 222

12. 나들이 - 안면도 자연휴양림 … 226

13. 바다의 푸른 꿈 - 정당리 안면암과 조그널 섬 … 230

14. 위로의 몸짓 - 붕기풍어제 … 234

제6구간 샛별길

01. 육십내면 안 되는 거잖아 - 병술만 체험장 240
02. 눈을 감으면 - 샛별해변 246
03. 안킬로사우르스의 등껍질 - 쌀 썩은 여 250
04. 안면의 얼굴 Ⅰ 254
05. 안면의 맛 257
06. 마지막 메질꾼 - 신야리 대장간 260
07. 높은 곳에서 멀리 바라 봐 - 국사봉 264
08. 짧고도 긴 휴식 - 황포항 270

제7구간 바람길

01. 고요하고 평화로운 - 법정사 목조관음보살좌상 274
02. 기록, 그리고 기억 - 고남패총박물관 277
03. 시인을 추억하며 - 대야도 천상병 고택 280
04. 안면의 얼굴 Ⅱ 284
05. 마법에 걸린 운여 - 운여해변 290
06. 여신의 손길 - 바람아래해변 294
07. 넉넉한 살림살이 - 옷점항 298
08. 앞마당엔 바다를 들여 놓고 - 가경주마을 304
09. 기다림을 안다는 것은 - 영목항 307

바라길은 바다의 고어인 '아라'에서 유래한다.
뜨는 해가 마을과 들을 황금색으로 물들이고,
지는 해가 바다와 섬을 주홍빛으로 물들이는 서해.
나는 반짝이는 빛 속으로 걸어 들어간다.

제 1 구간
바라길

여행은 이렇게 시작되고

#01
태안터미널

8월의 태안 터미널은 1년 중 가장 많은 사람들로 붐빈다.
파란 하늘에는 새하얀 구름꽃이 피어나고 있었다.
줄을 그은 듯 나란히 서서 손님을 기다리는 버스는 느긋하고,
떠나기를 기다리는 사람들의 얼굴에는 조급함이 없다.
여행에 대한 기대감으로 기다림도 지루하지 않아서일까.

학암포 • 신두리 • 만리포 • 몽산포 • 안면도 • 꽃지.
목적지로 향하는 버스가 끊임없이 들어오고 나가고, 사람들은 타고 내리기를 반복한다. 짧은 반바지에 가벼운 슬리퍼를 신은 한 무리의 젊은이들이 우르르 해변행 버스를 탄다. 까르르 웃는 소리에서 레몬향이 난다. 맞아, 저렇게 풋풋한 시절이 있었다. 커다란 꾸러미를 부둥켜안고 버스를 기다리는 노부부의 눈빛이 잔잔하다. 고요한 눈빛에서 수평선이 보이더니 바다냄새가 난다. 50년을 함께 살았단다. 그래서일까, 부부는 닮아있었다. 미소 지을 때 잡히는 주름까지도.

터미널에는 사람 사는 냄새가 나서 좋다. 일면식도 없는 사람들과 스스럼없이 살아가는 이야기를 나누어도 서로 낯가림하는 법이 없다. 사람 좋아 보이는 버스 기사에게 태안에서 가장 가볼 만한 곳을 묻자 허허 웃으며 그냥 태안이라고 한다. 그렇다면 해변길의 시작인 학암포로 갈 수밖에. 그리고 다음은 구례포, 먼동…….
여행은 이렇게 시작하는 것이다.

독서는 그 책을 쓴 저자에 의해서 우리 생각이
이끌려 가기 쉽지만 여행은 내 눈으로 직접 보고
스스로 느끼고 생각한
그 체험으로 자기 자신을 채워간다.
그러므로 여행은 독서보다 몇 갑절 삶을
충만하게 가꾼다.

–법정스님 《오두막 편지》중에서

분홍에 취하다

#02
학암포로 가는 배롱나무 가로수길

학암포로 가는 길에는 가장 뜨거울 때 가장 화사한 꽃을 피우는 배롱나무 꽃이 피었다. 바닷가 여인의 애틋한 사연이 있어서일까 이곳에는 배롱나무가 많다. 언젠가부터 아파트 정원에 핀 배롱나무 꽃을 보면서 그 아름다움에 매료되었다. 4월의 벚꽃은 늘 아쉽기만 했으니까. 아무리 고운 꽃을 피우더라도 봄비 한 번에 생명을 다하는 그 짧은 화려함이 새침데기처럼 느껴졌다.

꽃은 '화무십일홍花無十日紅' 이라지만 배롱나무는 여름 내내 피고 지고 백일을 화사하게 피워낸다. 칠월이면 진초록 나뭇가지 끝이 옅어지면서 꽃송이가 솟기 시작해 구월까지 마음껏 분홍의 매력을 뽐낸다. 벗을 그리워한다는 꽃말대로 수많은 관광객들에게 어서 오라는 손짓을 한다.

바다에서 불어오는 바람 따라 분홍 사연이 날아온다. 자유가 좋아 보헤미안처럼 살고 싶다는 사연이 팔랑거린다. 누구나 자유를 갈망하지만 자유롭게 살아가는 이가 얼마나 될까. 우리 세대에서 자유는 안타깝게도 꿈이 되어버린 건 아닐까. 용기 있는 사람만이 가질 수 있는 혜택쯤으로 말이다. "자유는 책임을 의미한다. 그러므로 대개의 개인은 자유를 두려워한다." 영국의 극작가 버나드

쇼의 말처럼 우리는 자유를 두려워하며 살고 있지는 않은가.
무엇을 해야 할지 꿈을 찾지 못하고 방황하는 사람이 있다면 말해주고 싶다. 당신의 가슴에 손을 얹어보았을 때 떨리는 심장소리가 느껴진다면 그건 희망이 있다는 증거라고.

이제 햇빛이 찬란한 해변을 맨발로 걸어볼 생각이다. 걷다가 힘들면 잠시 앉아 바다를 바라봐야겠다. 어떤 선입견이나 편견도 가지지 않고 체면 따위도 개의치 않는 자유를 느껴볼 생각이다. 바다에서는 가능할 것 같다. "자유는 그 누가 그 누구에게 주는 것이 아니라, 단지 자기 자신에 의해서만 얻을 수 있는 것"이라는 톨스토이의 말을 믿어보련다.

달리는
버스 창밖으로
배롱나무
꽃잎이 난분분
흩날린다.
학암포의
여름은
분홍으로
흠뻑 취한다.

항구의 꿈

#03
분점포구

종점 학암포정류장에 내리면 '해변길' 이정표가 해변 방향을 가리키고 있다. 이정표가 없더라도 해변을 찾기는 어렵지 않을 것 같다. 하늘과 땅의 구분이 없는 듯 보이는 해변 너머로 어렴풋이 바다가 보인다.

학암포해변을 바라보며 제방을 따라 걸어 올라가면 작은 포구가 나온다. 1968년 학암포 해수욕장이 개장되기 전까지 '분점포'로 불리다가 지금은 안내문에서만 볼 수 있고, 포구에는 '학암포'라는 이름의 횟집과 상점들이 손님을 맞고 있다.

분점포구는 조선시대 명나라와 교역을 하던 무역항이었다. 특히 품질 좋은 질그릇을 수출한데서 '동이 분盆'자와 '가게 점店'자를 써 '분점'이라고 부르게 되었다는데 당시에도 조선도공의 뛰어난 솜씨를 알아주었나보다. 70여 년 전만 해도 이곳에 질그릇을 굽던 가마터 흔적이 남아 있었다고 한다.

포구에는 늘 배가 있다. 떠나는 배가 있고 들어오는 배가 있다. 세월이 바뀌어도 포구는 그대로지만 소박한 포구가 된 지금의 분점포구는 어쩌면 화려한 옛 시절을 추억하고 있을 지도 모른다. 만선의 표시인 오색 깃발을 나부끼며 어선들이 들어오고, 상선 수십 척이 줄지어 들어서며 저마다 가득 싣고 온 물건을 내릴 순서를 기다리던 풍성한 기억을. 선창 인부들은 상선이 싣고 온 짐들을 부리고, 상인들은 수레에 짐을 싣느라 정신이 없고, 주막의 주모는 선원들에게 탁주를 내느라 바쁘고, 아이들은 천방지축으로 뛰어 놀고, 누렁이는 선창을 어슬렁거리고….

화려한 항구가 아니어도 포구는 충분히 아름답다. 바다는 잔잔하고 바람도 잔잔해서 갈매기는 여유롭게 하늘을 날고 있다. 어선 한 척이 들어온다. 어부는 닻을 내리고 능숙한 손놀림으로 갈무리를 한다. 누군가의 아들이며 남편이며 아버지인 그는 어서 집으로

갯바위에 부딪치는 사나운 파도에
술렁술렁 물안개가 피어난다.
짙은 물안개 사이로
그 옛날 황토 돛대를 한껏 올리고
분점포구를 떠나던 어선이
희미하게 보이는 듯하다.

돌아갈 생각에 부풀어 있을 것이다. 갑자기 그가 받을 어촌의 점심밥상이 궁금해진다. TV방송프로그램에 등장하는 낭만식객 요리사가 만든 소박한 재료에서 탄생되는 특별한 요리가 차려질 것 같다.

분점포구를 지나 소나무 숲길로 들어가면 '큰 분점도'다. 학암포해변에서 보았을 때 진초록의 소나무 숲이 인상적이었다. 제법 가파른 절벽을 끼고 돌면 용낭굴 학바위가 나타나는데 '학암^{鶴岩}'이라는 이름의 유래를 간직한 전설의 바위다. 바다를 바라보는 제일 앞부분에 위치해서 해변에서도 볼 수 있다.
분점에 살던 한 인자한 할아버지가 어느 여름날 꿈을 꾸었단다. 옥황상제가 나타나 "이달 보름에 보름달이 뜨면 이곳을 지켜줄 학 한 마리가 내려와 바위에 앉는데, 이 바위에서 죽고 학이 바위로 변할 것이오. 이후 포구는 100년간 번창할 것이오."하니, 정말 보름달이 뜨는 날 용낭굴 위로 하늘에서 흰 구름이 내려오더니 학 한 마리가 바위에 앉았단다. 다음날 용낭굴 위에는 학처럼 생긴 바위가 생겨났다는 재미있는 이야기다.

봄철이면 진달래꽃이 흐드러지게 피어 서당의 훈장들이 학생들을 데리고 와 글을 읽고 유생들은 운자를 내어 한시를 지었다고 한다. 예부터 이 지역 사람들이 얼마나 이곳을 사랑하였는지 알 수 있다.

바위절벽 사이로 어린 소나무들이 듬직하게 자리 잡고 있다. 세찬 바닷바람에 몸을 맡긴 채 뿌리내린 모습이 씩씩하다. 기특하게 이름 모를 야생초들에게도 옆자리를 내 주었다.

은빛 향연

#04
학암포

작은 섬이 오롯이 앉아있다. '작은 분점도'다. 만조 때는 섬이 되고 썰물 때면 육지가 되어, 이곳으로 걸어 들어가 굴이며 고동을 잡기도 한다. 섬 뒤로는 칠뱅이섬이 당당히 버티고 있다. 뱅이는 방이^{防夷} 즉 오랑캐를 막은 섬이라는 뜻이다. 대뱅이 굴뚝뱅이 거먹뱅이 돌뱅이 수리뱅이 질마뱅이 새뱅이. 이 일곱 섬에 전해오는 이야기는 감동적이다.

오랑캐가 쳐들어 올 때마다 대뱅이는 대나무를 흔들어 군기가 펄럭이는 것처럼 보이게 하고, 굴뚝뱅이는 수레에 군인이 가득 찬 것처럼 위장하고, 나머지 뱅이들은 주먹만 한 돌을 오랑캐군함을 향해 날려 물리쳤다고 한다. 바닷가에 사는 민초들의 애틋한 애국심이 전해져와 가슴이 먹먹하다. 이들 칠뱅이는 아무리 세찬 파도가 밀려오더라도 끄떡없단다. 지금도 우리 땅을 넘보지 못하게 철벽방어를 하고 있는 중이라나.

바다에는 이야깃거리가 많다. 호랑이 담배 필적 이야기부터 어제의 이야기까지. 바닷물을 처음 보는 아가는 아장아장 걸어 들어가다 작은 파도에도 철퍼덕 모래밭에 엉덩방아를 찧는다. 몸에 낀 노란색 튜브가 앙증맞다. 손장난을 치다가 입에 짠물이 들어갔는지 코끝을 연신 찡그린다. 몇 살 위로 보이는 뽀글머리 누나는 하얀 조개를 줍느라 바쁘다. 동생에게 팔찌를 만들어주려나? 하얀 실에 하얀 조개가 하나 달린 목걸이도 좋겠다. 이 아이들은 집으로 돌아가 오늘 이야기나래를 펼칠 것이다.

바다는 무궁무진한 이야기보따리를 가지고 있다. 그리고 원하는 사람 누구에게나 보따리를 풀어 놓는다. 가만히 바다의 이야기에 귀를 기울여 너와 나에게 풀어놓는 바다의 이야기를 들어보자.

4월이면 진달래가 섬을 붉게 물들이고 5,6월이면 해당화가 백사장을 붉게 물들인다. 명사십리 백사장에 펼쳐진 해당화 길을 걸어보는 건 최고의 추억이 될 것이다. 학암포해변을 걸으며 발자국 하나하나에 추억을 새겨본다. 언젠가 다시 여기를 찾을 때면 또 다른 이야기를 만들겠지 하면서.

명사십리 백사장은 은빛으로 춤춘다.
정오의 태양은 비가 올 듯 흐린 날씨에도
살짝 살짝 구름을 빗겨가며 햇살을 뿌린다.
바다는 은빛 물결을 만들어내고,
바다갈매기는 날개를 저으며
사뿐히 백사장에 내려앉는다.

모두 바다를 향하고

#05
구례포

학암포야영장에서 약 3km정도 숲길을 걸어가면 구례포해변이 나온다. 나무 사이사이로 바다를 보며 걷는 숲 속 길이 고즈넉하고, 맑은 날이면 길게 이어진 칠뱅이섬을 뚜렷이 볼 수 있다. 구례포해변은 갈매기가 날개를 활짝 편 것처럼 부드러운 곡선이다. 해변 끝 쪽으로는 바위가 많아 바닷새가 쉬어가기에 아늑해 보인다. 그래서일까 갈매기가 많다. 사진을 찍으러 가까이 가면 후드득 날아가 버리고 만다. 어떻게 알아봤는지 아마추어사진사에게는 좀처럼 곁을 내주지 않는다.

해변에서 숲 속까지 이어지는 나무 데크길을 걷다 보면 바닥에 설치해 놓은 유리 데크가 눈길을 끈다. 바람에 날린 모래가 언덕을 형성하는 모습을 관찰할 수 있다. 태안해변의 특징인 사구 즉 모래언덕을 복원하기 위해서 군데군데 설치해놓은 '모래포집기'도 볼 수 있다. 모래가 자꾸 깎여나가는 것이 안타까워 모래를 받쳐줄 방법으로 버팀목을 설치했다고 한다. 처음에는 일자형 울타리를 만들어 놓았는데, 모래가 쌓이지 않자 다시 지금의 W자형 울타리를 세워놓으니 모래가 쌓이더란다. 모래가 쌓이고 그 위에 점차 사구식물들이 자라면서 튼튼한 사구가 만들어진다. 사구는 소박하고 느리게 움직인다. 결코 서두르는 법이 없다.

구례포해변은 학암포해변에 비해 찾는 사람이 적어 한적한 여행을 즐기기에 좋은 곳이다. 양쪽 산자락과 이어진 백사장이 아늑하게 펼쳐져있다. 갯벌이 없고 고운 모래밭만 있어 맨발로 걸어도 발톱에 개흙이 끼일 염려가 없다. 잔잔한 물살이 드나들고, 수심도 얕고 물도 차갑지 않다. 구례포송림은 넓은데다 모래언덕이 잘 발달되어 캠핑하기에 불편함이 없으며 소나무 숲은 자연 그대로 그늘막이 되어준다. 마침 엄마는 해먹 위에서 편안한 낮잠을 즐기고 아빠와 아이들은 엄마를 위해 요리를 하고 있는 사랑스러운 가족을 만났다. 집에서와 다른 아빠와 엄마를 만나는 곳이 바로 바다가 아닐까. 문득 집에 있을 가족이 생각났다. 함께 알콩달콩 바닷가에서 요리를 해먹는다면 얼마나 좋아할까.

바다에 살거나 그렇지 않거나 바다에 오면 모두 바다를 향한다. 우리가 모르는 사이에 끌리는 무언가가 있는 것인가. 백사장에서 쉬고 있던 요트가 바다로 나갈 채비를 하고 있다. 바다로 나가고 싶은 누군가를 위해 하얀 물거품을 내며 열심히 달릴 것이다. 나는 요트 주위를 서성이며 바다를 꿈꾼다. 갈매기는 언제든지 바다 위로 날기 위해 바다를 바라보다 후드득 날아간다.
해변의 바위는 나에게 속삭인다. "바다에 발을 담가보렴. 갈매기이야기를 들려줄게." 나는 바위에 앉아 그의 이야기를 듣는다.
생각 많은 갈매기는 푸른 바다와 흰 구름만 보고 사는 건 지겹다고 했어. 바닷새와 노는 일도 싫증난다며 새로운 세계의 친구들을 만나고 싶어 했지. 내가 말했어. "너에겐 날개가 있어. 어디든 갈 수 있잖니." 내가 용기를 주자 갈매기는 길을 떠났지. 아름다운 꽃이 피고 울창한 나무가 있는 숲으로 갔단다. 갈매기는 뭍의 모든 것이 신비롭기만 했어. 새들도 얼마나 아름다운지 파랑새, 노랑할미새,

방울새의 맵시에 그만 반해버렸지. 그래도 공작의 아름다움에는 비할 바가 못 된다는 말을 듣고 공작과 꼭 친구가 되고 싶었어. 그러나 공작은 아무하고나 어울리지 않는다고 했어. 꼬리깃털을 활짝 편 공작은 상상할 수 없을 만큼 아름다웠지. 몇 마디라도 나누고 싶었던 갈매기는 끝이 안 보이는 넓은 바다이야기를 들려주었어. 귀 기울이던 공작은 그런 곳은 없다고 새침하게 말했지. 갈매기는 며칠이면 바다를 볼 수 있으니 함께 가보자고 했어. 그때 공작은 자신의 비밀을 털어놓았지. "나는 날 수 없단다." 갈매기는 갑자기 푸른 바다가 그리워졌대. 함께 놀던 바닷새도 그리웠지. 갈매기는 푸른 바다와 흰 구름이 있는 바다를 향해 힘차게 날아갔어. 바다로 돌아 온 갈매기는 "난 바다가 제일 좋아."하고 말했단다.

갈매기와 바위는 밀려오는 하얀 파도를 행복하게 바라본다.

숲의 소리

#06
먼동해변

숲에서 듣는 파도소리는 다르다.
메아리 같은 울림으로 가슴에 머문다.
파도가 바위에 부딪친 자리에는
어김없이 흰 포말이 일고,
그 물러간 자리의 물빛은 맑고 파랗다.
먼동해변으로 가는 길은
바다 소리를 들으며 걷는 길이다.
바다를 발밑으로 두고 걷는 길이다.

태안의 해안선은 굴곡이 복잡하고 만(灣)이 많은 리아스식이다. 육지의 침강이나 해수면 상승으로 육지의 일부가 바다 속에 잠기고 산이 오랜 침식을 겪으며 복잡한 해안선이 되었다. 그래서 선이 무척 아름답다. 작은 산봉우리는 외딴섬이 되어 하늘과 바다의 경계를 알리는 수평선이 되었다.

숲길을 오르면 바다는 낮아지면서 넓어진다. 키 큰 소나무 사이로 보이는 바다는 은은한 안개 빛을 띤다. 숲길은 오르막과 내리막의 연속이다. 숲길을 오르다 숨이 가빠질 때쯤이면 다시 내리막이 있어 숨을 고를 수 있다. 오르막에 힘겨워할 필요 없고 내리막을 만났다고 너무 기뻐할 필요도 없다. 세상살이도 그렇지 않을까.

해안 가까이에 들어오지 못한 큰 배가 망망대해에 떠있다. 뱃고동 소리가 길게 울린다. 자신의 존재를 알리고 싶어서였나. 후드득 산새가 날아간다. 찌르르 풀벌레 소리가 들리고, 사라락 바람 따라 나뭇잎 부딪는 소리, 풀이 자라는 소리, 내 발자국 소리…. 조용하던 숲이 금세 깨어났다. 모두 자신이 살아있음을 증명하고 싶은 듯 그들만의 소리를 낸다. 생명이 내는 소리는 활기가 넘친다. 그들과 함께 어울리고 싶은 마음에 소리쳐본다.

"야호!"

먼동해변에 들어서면 절벽 위 소나무 두 그루가 가장 눈에 띈다. '먼동' '용의 눈물' '불멸의 이순신' 등 여러 드라마에 등장했다고 하는데, 해변의 주인공답게 그 자태가 곱다. 흙이라고는 없어 보이는 바위 위에 선 모습이 당당하기까지 하다. '외유내강', 그를 지칭하는 말이었다.

해녀에게 쓰는 편지

#07
해녀마을

이곳에서 수국을 만나게 될 줄은 몰랐어요. 여름햇살을 담아 몽글몽글 탐스럽게도 피었네요. 당신의 뒤뜰에 핀 수국은 꼭 바다빛깔이에요. 아니, 수줍음 많은 색시처럼 연보라색이네요. 어린 시절 우리 집에도 뜰이 있었어요. 화단 귀퉁이 응달진 곳에는 채송화 씨를 뿌려 여름 내내 빨강 노랑 분홍 색색의 꽃을 보았지요. 작은 돌담 옆에는 빨간 사루비아를 심었어요. 언니와 함께 한 손 가득 따서 욕심껏 꽃꿀을 빨아먹었던 기억이 나요. 닭 볏을 닮은 맨드라미도 심었어요. 동글동글한 까만 맨드라미 씨를 모아 소꿉놀이를 했죠. 봉선화는 여자들을 위한 꽃이에요. 언니는 나를 마루에 눕히고 봉선화꽃물을 예쁘게 들여 주었어요. 꽃물이 손톱의 반달 밑으로 내려올 즈음이면 여름방학이 끝나서 아쉽기만 했죠. 수국도 심었어요. 언니는 수국을 무척 좋아했어요. 가장 아름다운 신부가 돼서 수국부케를 받을 거라고 했지요. 뜰 한 평 없는 나는 언니가 보고플 때면 수국화분을 사들고 온답니다. 물을 주고 잎을 닦으며 언니를 생각하죠. 매일매일 정성을 들여도 아파트는 꽃이 살기에는 적당한 곳이 아닌가 봐요. 금방 시들시들해지는 꽃을 보면 미안해지데요. 내게 작은 뜰이 있다면 한가득 수국을 심을 텐데. 뜰은 늘 나에게 꿈이지요.

이제 당신의 이야기를 들을 차례예요. 고갱의 작품 '타히티의 여인'에서 가장 바다와 어울리는 여인을 발견한 적이 있어요. 둥그스름한 얼굴에서 타고 내려오는 목선은 짧고 힘찼으며 가슴과 허리 엉덩이는 넉넉하며 탄탄했죠. 햇볕에 적당하게 그을린 황금빛 피부 때문에 더 탄탄하게 느껴졌는지도 몰라요. 원시성을 가진 그 여인에게서 당신을 보았다면 기분이 나쁘실까요? 바다에 뛰어드는 당신에게서 원시적인 아름다움을 느꼈다면 지나치다 하시겠어요? 막 물질을 하고 올라와서 테왁망사리에 의지해 가쁜 숨을 몰아쉬는 당신을 보면 무한한 생명력을 느껴요. 당신은 생명이 어떻게 살아 숨 쉬는지를 몸소 보여주지요. 어떤 힘센 남자도 어떤 날쌘 수영선수도 바다에서 당신처럼 멋지진 않아요. 망태기에 성게며 전복이며 소라 등을 가득 채우고 뭍 위로 올라오는 당신을 본다면 누구라도 둥둥 가슴이 뛰게 될 거예요. 그런 당신에게서는 어머니의 향내가 납니다. 정처 없이 떠돌다가도 돌아가고 싶어질 때 저절로 발길이 닿는 곳, 바로 언제나 품어줄 것 같은 어머니 말이죠. 바다를 사랑해서 고향을 지키는 당신이기에 그렇겠지요. 나는 또 당신에게서 정직하고 소박하게 살아가는 법을 배웁니다. 멋으로 바다를 사랑하지 않기에, 욕심으로 바다를 사랑하지 않기에, 그저 바다를 당신 삶의 일부로 여기기에 당신은 정직합니다. 당신의 집은 아늑하고 고요했어요. 혹 내가 와서 당신의 평화를 깨뜨리지나 않았는지 염려가 되네요.

그윽한 수국향기를 맡으며 당신의
뒤뜰에서 놀다갑니다.

뭐든 척 보면 안다

#08
능파사

바닷가 할머니는 뭐든 척 보면 안다고 한다.
그렇다는데 누가 감히 시비를 걸겠나.
부럽다.
척 보면 알고 안 봐도 뻔히 알면 얼마나 좋을까.
부처님은 겨울이 가고 봄이 오고, 여름을 지내고 가을을 맞고, 다시 겨울이 와도 아무런 일 없었다는 듯 바다를 바라보고 계신다.
"나는 어디쯤 서있나요?"
네가 선 자리가 바로 세상 가운데자리다.
훤히 보이시나보다.
아직도 세상은 궁금한 것 투성인데
신기해 쫓아가다 엎어지기 일쑨데
만날 헛다리짚고 사는데
그런데
바닷가 할머니처럼 척 봐도 알면 재미있을까?
부처님처럼 훤히 보이면 재미있을까?

"혼자 놀러 댕기는감유."
양챙이 삼거리에서 만난 할머니는 뭐든 척 보면 안다. 해녀 일을 하셨다던 할머니는 이제 양식장 하는 아들을 돕는다. 검정색 하우스 안에서 맑은 물소리가 나서 잠깐 안을 들여다보았는데 하늘색 욕조가 죽 늘어서 있다. 광어와 우럭이 깨끗한 수조에서 펄떡거리며 놀고 있다. 뭍에서 하는 양식장을 보기는 처음이다.
할머니는 찐 옥수수 하나를 건넨다.
"끼니 거르지마유. 먹을 데두 없었을텐디."
굳은살이 박힌 거친 손이다. 젊었을 때는 고왔을 손이 평생 물질 하느라 이렇게 되었겠지. 그 손을 보자 스르르 가슴이 저려오더니 눈물이 나려한다. 할머니 눈은 바다처럼 깊어 내가 놀러 다니는 사람인지도 아는데, 들킬라. 고개를 돌려 옥수수를 한입 베어 먹었다. 따뜻하다.

일만 오천 년의 시간

#09
신두리해안사구

이곳에 오면 누가 느리게 걸어라 하지 않아도 느리게 걷게 된다. 일만 오천 년이라는 시간 위를 걷는다는 것, 천연기념물 제431호 위를 걷는 다는 것은 아주 특별한 일이다. '감히'라는 말을 붙여도 될 만하지 않을까.

우리나라에서 사막을 볼 수 있는 유일한 곳이라는 사전지식만 가지고 신두리사구에 들어섰다. 첫 느낌은 사막이라기보다 제주도 목초지나 대관령 양떼목장을 보는 듯했다. 손가락을 좍 펼친 것 같은 모래언덕에는 갈대와 갯그령이 파도타기 하듯 물결치고, 모래바닥에 배를 붙인 도깨비가지는 하얀 꽃을 피우고, 철늦은 해당화가 진분홍 꽃을 내밀고 있다.

바람이 불었는가. 고개를 바다 쪽으로 돌리자 제법 세찬 바닷바람이 불어온다. 그렇구나, 그동안 거친 파도와 거친 바람에도 어떤 가림막 없이 억세게 버티며 살고 있었어. 모래 속에 그물망처럼 뿌리를 내리고 그렇게. 이들의 끈질긴 생명력은 얼마나 멋지고 대견한가.

신두리사구는 빙하기가 끝난 후 오랜 시간 강한 바람에 의해 모래가 운반되면서 만들어진 모래언덕이다. 모래퇴적층에서 과거의 생물상을 추적하고, 과거의 기후와 환경변화를 알 수 있다니 그야말로 자연사박물관이라 할 수 있다. 포유류 12종 새 39종 식물 260여종의 동식물들이 살고 있는 장소이기도 하다. 특별한 환경에서 서식하는 동식물들이기에 멸종위기에 처한 희귀종이 많다고 하니 특별한 관리와 보호가 필요할 것 같다.

신두리사구는 신두리해변까지 길게 이어져있다. 3.4km에 이르는 모랫길이다. 끝을 가늠할 수 없는 아득한 몽환의 그림이 눈앞에 펼쳐진다. 구불구불 길게 이어지는 나무 데크길이 두 갈래로 뻗어있다. 어느 쪽이든 선택해야 하는 일은 항상 흥미롭다. 어느 길이

지름길인지 알 수 없을 때는 동전을 던질까 보다. 이쪽으로? 아니 저쪽으로.

신두리사구 초입에서 만났던 부부도 이곳까지 맨발로 걸어왔단다. 부부가 함께하는 사진을 찍어주겠다며 내가 먼저 친절을 베풀었다. 사막에서 동반자는 무척 소중하니까. 그들은 자동차를 1km나 떨어진 염전 수로 입구에 세워두고 왔다며 다시 돌아갈 일이 걱정이라고 했다. 혼자서 도보여행 중이라는 나에게 탁월한 선택이었다며 격려해 주었다. 괜스레 어깨가 으쓱해지는 이 우쭐한 느낌은 도대체 뭐였는지. 어른이 되면서 아니, 아줌마가 되고부터 잊어버렸던 아련한 향수 같았다고나 할까. 부부의 따뜻한 눈빛이 고마웠다.

드디어 사막다운 모래언덕이 나타났다. 우리는 모래언덕 위에서 아름다운 작별을 했다. 서로 이름을 묻지 않고 사는 곳도 궁금해하지 않았으며 그저 초원 같은 사막을 함께 걸어온 공통의 추억을 가진 것으로 만족했다.

해발 몇 미터인지 모를 높고 넓은 모래언덕이다. 배낭을 앞으로 메고 엉덩이썰매를 타고 내려간다. 결코 가볍지 않은 몸무게가 오히려 도움이 되었고, 몸은 중력가속도가 붙어 무서운 속도로 내려가 결국엔 모래언덕 밑으로 내팽개쳐졌다. 배낭을 머리에 베고 그대로 누웠다. 구름이 한 꺼풀 태양을 가렸음에도 하늘이 너무 가까이 다가와 눈이 부시다. 살며시 눈을 감으니 마치 망망대해를 떠다니는 기분이다.

갑자기 비가 몇 방울 떨어지기 시작한다. 병아리마냥 노란색 비옷을 챙겨 입은 아이들이 올라가고 있었다. 해설사로 보이는 선생님을 앞장세우고 토닥거리며 저희들끼리 장난치는데 정신이 없다. 그래도 선생님이 설명을 시작하자 제법 진지하게 듣는 시늉을 한다. 아이들은 언제 봐도 예쁘다.

사구 입구에 있는 신두리사구센터는 신두리사구 전체 모양을 표현하고 있는 건물이다. 나선형의 우주선 같기도 한 현대적 디자인이 멋있어 한 번쯤 들러보고 싶게 만든다. 바람언덕 모래언덕 신두언덕으로 나뉜 전시실에서는 해안사구에 대한 여러 가지 정보를 얻을 수 있다. 태안여행을 돕는 안내책자도 비치되어있어 몇 가지를 골라 배낭에 챙겨 넣었다.

날마다 새 옷으로

#10
두웅습지

풀, 꽃, 나무, 벌레와 곤충 그리고 동물들이 어울려 사는 곳이 있다. 그들은 매일매일 생명의 기적을 만들어내고 있었다.

신두리사구를 넘어오면 신두리해변 이정표와 두웅습지로 향하는 이정표가 'ㄴ'자 방향으로 나있다. 남은 거리는 각각 1.3km와 1.5km. 바랏길을 쉬지 않고 4시간여 걸어온 뚜벅이라면 잠시 망설일 것이다. 원래 무언가를 선택해야 할 때 난감한 법이다.
나는 망설임 없이 두웅습지로 향한다. 몸은 결국 마음을 따른다고 했던가. 시원한 음료수를 하나 사고 슈퍼 총각에게 두웅습지까지 시간이 얼마나 걸리는지 물었다. 10분이면 간다는 대답을 듣고 고개를 갸우뚱하면서도 가벼운 마음으로 길을 나섰다. 착각이었음을 알아차린 건 사륜바이크가 굉음을 내며 지나갔을 때다. 바이크로 10분 거리였던 것이다. 줄지어 다섯 대가 자갈길을 달려갔다. 속도감은 자동차와 비교가 안 되겠지만 자동차도로에서 느끼지 못하는 아슬아슬함을 즐기기엔 단연 최고다. 신두리해변에서 신두리사구와 두웅습지를 도는 한 시간 코스란다. 기회가 된다면 한 번쯤 타봄직하다.

평범한 시골길을 30여분 걷다 보면 무지막지하게 큰 개구리 조형물이 눈에 띈다. 특이하게도 화장실이다. 이곳에 멸종위기종인 금개구리가 서식한다는 사실이 알려지면서 2007년 12월에 '람사르습지'로 등록되었다고 안내문에 쓰여 있다. 이유 있는 조형물이었다.

세계에서 가장 작은 보존습지, 한 번도 물이 마르지 않았다는 곳, 사막의 오아시스 같은 곳.
여러 가지 수식어를 갖고 있는 이곳에는 금개구리 맹꽁이 표범장지뱀을 비롯해 천연기념물 제323호 붉은 배새매와 노랑부리백로 물장군 이끼도롱뇽 등 다른 곳에서는 보기 힘든 생물들이 살고 있다. 또 통보리사초 붕어마름 애기마름 수련 등 311종에 달하는 식물이 자생하고 있다. 신두리 해안사구 바닥에 흐르는 담수와 산골짜기에서 흐르는 맑은 물이 만났으니 이들은 최고의 환경에서 살고 있는 것이다.
습지바닥은 내륙습지와는 달리 해안사구 형성과정에서 날아온 고운 모래질로 이루어져있으며 약 2만평 규모에 수심은 3m나 된다. 바닥의 모래층은 7000여 년 전에 형성되었고 주변에는 4500년 전에 형성된 흔적이 남아있다. 이곳만의 모습을 간직한 채 오랜 세월을 견디어왔을 것이다.

자연 그대로의 모습으로 보존하기 위해 이곳에는 인위적으로 꽃이나 나무 등을 심거나 가꾸지 않아 자연스럽고 원시적인 아름다움이 넘친다. 나무 데크길을 따라 여유롭게 걷다보면 다양한 생물들을 가까이서 볼 수 있다. 물장군이 애기마름 주위를 노닐다 풍덩 잠수를 한다. 마음에 드는 먹잇감을 발견했나 보다. 금개구리는 볼 수 없었지만 실컷 자연과 교감하며 걸었다. 습지 주변 울창한 소나무 숲에서 들려오는 새들의 지저귐이 경쾌하다. 그러다 잔뜩 경계의 소리를 내기 시작한다. 그래, 나는 갈게. 잘 있어.

비가 더 많이 올 건가보다. 신두리사구에서 조금씩 내리던 보슬비가 굵어지기 시작했다. 연잎 위에 내린 빗방울이 또르르 구른다. 연꽃 사이에 쳐진 거미줄에도 빗방울이 맺힌다. 부지런히 집을 지었을 주인은 연꽃 속에 숨었는지 집이 텅 비어있다. 비 오는 날 습지는 잠자듯 고요하고 바람 쫓아 물결 쫓아 마음 쫓아다닌 나는 그들처럼 옷을 적신다.

이곳의 생명들은 계절 따라 새 옷으로 갈아입는다. 갯버들이 이른 봄을 깨우고, 꽃잎마다 이슬을 머금은 수련에 금개구리가 낮잠을 자고, 가을을 준비하는 방아깨비가 방아를 찧고, 하얀 눈 덮인 습지에는 따스한 햇볕이 이들을 비출 것이다.

이들의 삶이 일부러 기적을 보여주려 한 것은 아니겠지만
우리가 생명의 기적 속에 살고 있음을 알려주고 있다.

노을이 남기고 간 빛

#11
신두리해변

여름 한철 펜션에서 운영하는 카페는 커피머신과 여러 가지 과일 음료가 놓인 작은 바에 서너 개의 탁자와 의자를 갖춘 단출한 분위기다. 주인아주머니는 바쁘게 과일 주스를 만들고 있었다. 손님이 없는데도 바쁜 걸 보면 배달주문이 많은 듯했다. 나는 홍차를 주문하고 창가 자리로 가서 앉았다. 카페 분위기에 맞는 맞춤음악을 들으며 바닷가 정경을 바라본다.

비가 그치자 노을이 진다. 노을은 하늘과 바다와 해변에 그리고 이국풍의 펜션에 다른 색을 입힌다. 모네의 명화 '오후의 앙티브'가 떠올랐다. 붉은 하늘과 푸른 바다의 대조가 아름다운 작품이다. 그림 속에서 해가 저무는 프랑스의 작은 마을 앙티브해변은 평화로웠다.

모네는 화가로서 일생 자연의 빛을 찾아 헤맸다. 순간순간 변하는 오묘한 빛의 세계를 담아내려 애썼다. 만약 그가 노을 지는 신두리해변에 선다면 어떤 색을 캔버스에 옮길까. 바다를 적시는 햇빛을, 긴 백사장에 떨어지는 햇빛을 어떻게 표현할까. 주홍 노랑 보라 파랑 초록… 가장 아름다운 색으로 가장 찬란하게 입혀야할 것이다.

나는 조용히 신두리의 그림 속으로 빨려 들어간다.
나는 해돋이보다 해넘이를 더 사랑한다. 어둠이 내려앉기 전 언제나 따뜻한 색으로 지친 하루를 위로해 주었으니까. 긴 하루였다. 예정했던 시간을 훌쩍 넘기고 도착한 바라길의 마지막 신두리해변. 이곳에서 나는 마음에 드는 노을을 발견했다. 잔잔한 바다에 뿌려지는 따뜻한 색은 내 지친 발을 포근히 감싸주었다. 찻잔 속에도 노을이 지고 있었고 나는 붉은 차를 마시며 행복에 젖는다.

태양은 더 빨리 바다 저편으로 넘어간다. 해변에 남은 자는 노을이 남기고 간 빛 속으로 걷는다. 나는 해변의 일부가 되어 노을빛이 이끄는 대로 너울너울 걸었다.

변덕스러운 여름 소낙비가 고마울 때가 있다.
미친 듯한 무더위를 식혀줄 때는 물론이고,
비를 피해 들른 카페에서 차 한 잔을 마시며
여유를 가질 때 더욱 그렇다.

태안 사람들을 만났다.
그들의 눈은 맑고 순수하다.
진솔한 눈빛은 상대방으로 하여금 웃게 하고,
울게 하고, 스스럼없이 말하게 하는 마법을 부린다.
바다를 품은 사람들이 사람을 보는 눈은 다를까.
그렇다면 세상 살아가는 법도 다르지 않을까.

제 2 구간
소원길

세상을 밝게 해주는 사람들

#01
설박키

구름 한 점 없는 파란 하늘이다.
지난 밤 태안에는 소낙비가 내렸다고 하더니 하얀 구름까지 깨끗이 청소를 해버렸나 보다. 눈부신 가을 햇살을 받고 걸으며 하루를 미뤄 여행하기를 잘한 것 같아 기뻤다. 한결 시원해진 바닷바람을 가르며 힘찬 걸음으로 소원길에 들어섰다.

소원길은 전체 길이가 22km에 달하는 긴 구간이다. 다른 해변길과 달리 해안길과 둘레길의 복합구간이다. 두 지점 사이에 서로 접근성이 떨어져 전체구간을 하루에 걷기에는 무리가 있는 길이다. 차량으로 이동하다가 걷기도 하면서 여행하기로 했다.

신두리해변에서 삼십 분 정도 해안도로를 따라 걸어가면 바다가 내륙으로 꺾여 들어가면서 긴 제방이 나온다. 소근진성으로 향하는 길이다. 오늘은 바닷물이 오후 세 시쯤이면 모두 빠진다고 했다. 호수 같은 바다는 물결 한번 일렁이지 않고 조용히 줄어들고 있었다. 제방을 지나는 해변길 길목에서 시끄러운 예초기 소리가 들려왔다. 그동안 잘 다듬어진 태안 해변길을 걸으면서 한 번도 생각해보지 않았던 광경이다. 편안한 길은 언제나 누군가에 의해 닦여왔다는 사실을 잊고 있었다.

그들은 멈칫거리는 나를 위해 잠시 일을 멈추었는데, 불쑥 뱀이 나올 수 있으니 조심해 다니라고 일러준다. 여행 중에 이렇게 먼저 말을 건네주면 무척 반갑다. 이것저것 묻고 싶고 동행해달라는, 말도 안 되는 떼를 쓰고 싶다.

국씨 아저씨는 조상 대대로 태안에서 나고 자랐다고 한다. 그래서인지 충청도 말씨가 특별히 더 구수하게 느껴졌다. 나무막대기를 하나 줍더니 툭툭 땅을 헤치며 흔쾌히 앞장서주셨는데, 미물들에게 미리 위험 신호를 알리는 동작일거라고 어림짐작했다. 아저씨의 등을 바라보며 뒤따라가는 동안 마음이 어찌나 편안하던지, 동행이라는 단어가 얼마나 따뜻한 낱말인지 새삼 느꼈다.

바닷물이 점점 빠져나가자 묶여있던 배들이 밑바닥을 드러내기 시작했다. 마을 사람들은 이곳을 '설박키'라고 부른다. 지명이 독특해서 귀에 쏙 들어왔다. 이곳 신두리마을과 소근리마을 일부분이 간척지라는 이야기도 해주었다. 예전 바닷물이 들어오던 지역을 흙으로 메꾸어 마을을 이루고 논과 밭을 일궜다고 하니 바닷가 사람들의 개척정신이 놀라웠다.

코스모스 군락지가 나타났다. 역시 코스모스는 한들거린다는 표현이 가장 어울린다. 가녀린 몸에 햇빛 품고 바람 품어 잎 틔우고 분홍 꽃 피워낸다. 코스모스가 한들거리는 바다풍경을 본 적이 있었던가. 오랜 기억을 더듬으며 꽃 속에 파묻혀 걷는 이 길을 마음 한켠에 넣어둔다. 바닷바람이 살며시 뺨을 스치자 콩닥콩닥 가슴이 뛴다. 새로운 여행지에 대한 기대감 때문이었을까. 가을은 사람 마음을 이렇게 움직이게 하나보다. 바람이 이끄는 대로 가을여행을 시작한다.

한가로이 잘 살았네

#02
소근진성

터널 같은 대나무 숲을 지나 석성에 들어섰을 때 마침 거창하게 지어놓은 거미집과 맞닥뜨렸다. 거침없이 자란 소나무도 수문장처럼 서있다. 이렇게 넘지 못할 철옹성처럼 턱 버티고 있으니 예의를 갖추고 지나가야할 것 같다.

'소근진'은 소근포에 축성한 성으로 '진'은 지역방어군대를 이르는 말이다. 충청남도지정기념물 제93호로 조선 중종 9년(1514)에 만들어졌으며 성 둘레는 2,165척(약 656m)에 이른다. 성벽은 바닥의 너비가 8m, 바깥벽의 높이가 4.4m, 안쪽 벽의 높이가 2m, 윗면의 너비가 1.7m이다. 측량한 수치로 생각하면 그 크기를 가늠하기 어렵지만 눈으로 보면 훨씬 크고 튼튼하게 쌓은 성이라는 것을 알 수 있다.

서해안을 따라 세워진 석성에는 문은 따로 없고 드나들 수 있는 통로가 나있다. 자연지형을 이용하여 동·남·북쪽에 성벽을 구축하였으나 대부분 무너지고 현재는 동문 터 부근만 남아 있다. 이곳에 성을 쌓은 이유는 왜구의 침입을 막기 위해서였는데, 특히 고려 말부터 이 지역에 나타난 왜구로 인해 지역 주민들은 혹독한 시련을 겪었다. 고려 공민왕 22년(1373)에는 태안군이 폐군이 될 만큼 피해가 컸다. 1894년 동학혁명으로 폐성될 때까지 서해안 방비에 중요한 역할을 했던 곳이다.

지금도 성 안에는 대여섯 가구가 살고 있다고 한다. 성 안에서 사는 기분은 어떨까 궁금하다. 누군가 불쑥 나오며 "지난 세월 무슨 일 있었는가?" 할 것만 같다. 요란하고 시끄러운 세상 밖을 보고는 자신들은 한가로이 잘 살았다며 허허 웃지 않을까. 평생 시비 거는 사람 없었고 남의 것에 탐한 적 없었으니 잘 산 것이 아니겠냐며 큰소리치지 않을까.

마음을 비우면 세상 모든 것이 평온하다고 한다. 맞다. 마음 비우는 공부가 달리 있겠나. 그들처럼 세상과 좀 떨어진 곳에서 살아 보면 저절로 마음이 비워지지 않겠나. 오래된 성벽은 칡넝쿨을 두르고 산 속에 평온히 누웠다.

노인과 바다

#03
안태배해변

소설 〈노인과 바다〉에서처럼 드넓은 바다를 상대로 끊임없이 사투를 벌이던 노인의 모습은 볼 수 없었다. 다만 바다와 벗하며 살아가는 자유로운 노인을 만났을 뿐이다. 너무 자유로워 심심해 보이기까지 하다고 할까. 일렁이는 물결이 그저 데려다줄 것인 양 노 저어가는 폼이 그랬고 바람에 몸을 맡기는 폼이 그랬다. 청새치를 빼앗기지 않으려 상어와 사투를 벌이던 노인의 뒷이야기가 궁금해 페이지를 급하게 넘기던 때처럼 서두를 필요가 없었다.

"할아버지, 조금만 기다려주세요!"
멋진 사진을 찍고 싶었다. 노인은 눈이 녹듯 천천히 시야에서 멀어져갔다. 하늘과 바다는 온통 푸른빛이다. 거르고 거른 순수한 쪽빛으로 물든 안태배바다의 주인공은 쪽배 탄 노인이었다.

"그림 같죠?"하면서 동행하던 임씨 아저씨는 자신의 이야기를 들려주었다.
"서울에서 큰 안경점을 했어요. 어느 날 돈은 그만 벌고 싶어지대요. 그래서 아내와 전국을 여행하다 이곳 태안에 이르렀죠. 며칠을 묵으며 바다낚시를 했는데 미끼도 없는 빈 찌를 마구 물어대더라고요. 정신없이 고기를 잡았어요. 돈 없어도 굶지는 않겠구나 싶었지요. 땅 사고 집 짓고, 그러고 보니 훌쩍 십오 년이 지났네요."
딸과 사위는 물론 처남 네도 이사를 왔다니 태안 사랑이 이보다 지극할까. 하얀 점이 된 쪽배 탄 노인을 바라보는 임씨 아저씨에게서도 바다와 벗하며 살아가는 자유로운 노인의 모습이 보였다. 눌러쓴 모자 밑으로 보이는 머리가 하얗다.

태배전망대로 가기 위해서는 숲으로 가는 길과 바닷길이 있다. 물이 빠진 시간이라 바닷길을 택했다. 독살이 보인다. 만조 때 들어온 물고기가 간조 때 바다로 빠져나가지 못하도록 돌을 쌓아 그물 역할을 하는 전통고기잡이 방식이다. 마을마다 양식장이 있어 이제는 물이 빠져도 물고기 잡는 사람이 없다. 가끔 갈매기들이 놀러와 요기나 하고 가려나. 독살은 만들어진 세월도 알 수 없을 만큼 단단한 화석이 되어 아무리 세찬 파도가 밀려와도 절대 무너지지 않겠다. 독살에는 깜장굴조차 화석처럼 붙어있다. 임씨 아저씨 말대로 그림 같은 풍경이다.

노인은 언제나 바다를 여성으로 생각하고 있었다.
크나큰 은혜를 베풀기도 하고 베풀지 않기도 하며,
때로는 사나운 짓이나 심술궂은 짓을 하기도 하지만,
그것은 바다로서도 어쩔 수 없는 노릇이 아닌가.
그러고 보면 달의 영향을 받는 것만 해도
여성과 똑같지 않은가.
노인은 쉬지 않고 꾸준히 노를 저어 나갔다.
그는 자기 나름대로의 속도를 잘 유지해 나갔으며,
가끔 조류가 소용돌이를 치는 이외에는
해면도 아주 잔잔했기 때문에 별로 힘이 들지 않았다.
노인은 배를 짓는 힘의 3분의 1쯤은 조류에 내맡기고 있었다.

-헤밍웨이 〈노인과 바다〉 중에서

아름다운 바다색으로 마중 나오다

#04
태배전망대

흰 구름이 살포시 바다에 내려앉는다. 바닷물이 너무 투명해서 뜬 구름이 되었다. 태배전망대에서 바라본 바다는 엄마가 받아놓은 따뜻한 목욕물 같았다. 빗속을 뜀박질했을 가족을 위해 알맞게 데워놓은 물. 사랑받는 느낌이 좋아 오래도록 몸을 담그고 싶은 물. 그 물에 몸을 담그면 나른해지며 졸음이 몰려온다. 수평선 너머 아른아른 피어오르는 아지랑이를 보면 스르르 눈이 감긴다.

전망 좋은 곳에 '유류피해 역사전시관'이 개관되었다. 예전 군막사를 새롭게 단장한 것이다. 새것의 냄새가 물씬 풍기는 전시관은 아담하고 정갈했다. 태안해안 유류 유출사고부터 복원까지의 기록을 담은 사진과 전시품이 전시실을 가득 채우고 있다. 전시품들은 사고당시 태안국립공원관리공단에 근무하시던 박기환님이 수집한 것이라고 한다. 잊지 말아야 할 역사적 사건을 군사적 요충지인 이곳에 조성해 산교육의 장소로 만든 것 또한 의미 있는 일이 아닐까.

박기환님은 사고 당시를 떠올리며 말한다.
"파도소리도 들리지 않았어요. 검은 기름이 바다를 삼켜버렸으니까요."
이보다 더 처절한 표현이 있을까.

태배의 바다는 엄마처럼 기다려 주었다. 빗속을 뛰어온 가족들에게 따뜻한 등물을 끼얹어주며 수많은 분노를 받아주고 슬픔을 보듬어 주었다. 그런 따뜻한 손길 덕분에 상처는 서서히 아물어갔고, 이제는 세상에서 가장 아름다운 바다색으로 마중 나와 있다.

동행

#05
이원면방조제 희망벽화

손이 떨릴 때 잡아주는 따뜻한 손길이나 다리가 후들거릴 때 내어주는 어깨에 우리는 다시 일어설 힘을 얻는다. 함께 눈물 흘리는 동안 상처가 치유되는 기적을 경험해 보았을 것이다. 아픔은 함께 나누면 나눌수록 작아지고, 기쁨은 나눌수록 커지기 때문이다. 나눔은 어떤 부정의 에너지라도 긍정의 에너지로 바꿔버리는 힘이 있다.

누군가 곁에 있어 주기만 해도
위로가 될 때가 있다.
특히 공동으로 겪어야하는
아픔이 있을 때
옆 사람의 온기는 절실하다.

'2007년 12월 7일 태안 앞바다, 사고 발생'
이후 오랜 시간이 흘렀다.

이원면방조제 희망벽화는 긍정 에너지로 가득 차있었다. 이원면과 원북면을 연결하는 길이 3km 높이 7.2m 방조제에 세계 최대의 손도장 벽화가 찍혀있다. 유류유출사고를 함께 이겨낸 사람들의 손이다. 마음이 따스해진다. 자원봉사자 123만 명의 손길은 절망을 희망으로 바꾸어놓았다. 사람들은 바다의 기름을 제거하는 일은 기적이 일어나지 않으면 불가능하다고 여겼다. 기적은 하늘의 힘이 아니라 바로 사람의 힘으로 이루어졌다. 해변과 갯바위를 누비며 한 방울의 기름이라도 제거하려는 자원봉사자들의 노력이 기적을 만들어낸 것이다. 검은 재앙은 오히려 국민의 국토사랑을 일깨워 하나로 뭉치게 하였다.
모른 체하지 않고 길고 긴 여정을 함께 한 사람들. 태안해안을 살리는 것은 우리 모두를 살리는 일이었다.

벽화는 에코, 그린 에너지 그리고 희망에 대해 이야기한다. 이 세 가지 주제는 태안이 나아가야할 방향이고 우리가 후세에 물려줄 메시지이다. 희망벽화에 어렴풋이 무지개가 걸렸다.

시간이 머문자리

#06
가르미끝산

태배전망대에서 나와 가르미끝산 이정표를 따라 550m정도 숲길로 들어가면 낭떠러지 아래 울퉁불퉁한 해안 바윗길을 만나게 된다. 보드라운 백사장을 걸을 때와 달리 다리에 저절로 힘이 들어간다. 익숙하지 않아 바짝 긴장하지만 낯선 곳을 탐험하는 기분이 싫지 않다. 낯선 풍경이 주는 신선함이 있을 때 여행은 더 재미있다. 여기는 사람의 발길을 느낄 수 없다. 비밀정원을 갖고 싶을 때 오롯이 나만의 장소를 갖고 싶을 때 찾을 만한 곳이다.

넉넉해 보이는 바위에 앉아 문고판 시집을 꺼낸다. 호젓해서 시 한 편 정도는 저절로 외워질 것 같아 소리 내어 읽어본다. 아슬아슬한 절벽 위 작은 소나무 사이로 불어오는 바람이 향기롭다.

가르미끝산의 바위에서 세월의 무게가 느껴진다. 파도가 치는 횟수만큼 책갈피 무늬를 그려놓았다. 그렇게 파도가 매만지고 다듬어놓은 바위 절벽은 겹겹이 쌓아놓은 책 같고, 바다 가까이에 누운 바위는 읽다 펼쳐놓은 고서 같다.

저 멀리 심해를 찾아 미끄러지듯 헤엄쳐가는 잔점박이물범은 우아해서 성스럽기까지 하다. 허먼 멜빌의 소설에 나오는 흰 고래 〈모비딕〉처럼 빠르고 힘찬 움직임 속에서 평화로운 안정감을 느끼는 모양이다.

가르미끝산을 걸어 나와 둥글게 구부러진 구름포해변을 내려다보라. 포토 존을 세워도 될 만큼 경치가 아름답다. 뾰족하게 올라온 솔숲 아래로 펼쳐진 반달해변을 폴짝 뛰어넘어 달려가고 싶어질 것이다.

민박집 바람벽에 기대앉아 잠 오지 않는다.
밤마다 파도 소리가 자꾸 등 떠밀기 때문이다.
무너진 힘으로 이는 파도 소리는
넘겨도 넘겨도 다음 페이지가 나오지 않는다.
아 너라는 册,
깜깜한 갈기의 이 무진장한 그리움.

―문인수 〈바다책, 다시 채석강〉

반달쪽배에 발 담그고

#07
구름포

해변을 덮은 연둣빛 해초는 파래였다. 바닷물에 밀려와 해변에 잔디인 양 자리를 잡았다.

향긋한 파래향을 맡으며 해변을 걷는다. 조약돌에도 가느다란 연두색실이 옹기종기 붙었다. 서로 엉켜있는 것 같지만 한 올 한 올 떨어진다. 소금물에 조물조물 씻은 다음 생으로 먹을 수 있다니 뭍사람에게는 신기하기만 하다.

바다는 가을을 시작으로 해조류를 생산한다. 매생이 파래 감태는 물론 톳 김 미역 우뭇가사리 등이 겨울을 풍요롭게 만든다. 가을 추수가 끝나고 뭍에서 푸성귀를 얻을 수 없게 될 때쯤 사람들은 바다에서 나는 해초로 야채를 대신한다. 그러다 여름이 다가오면 해초는 사라지고 어패류도 생으로는 잘 먹지 못하게 된다. 뭍의 생태와 바다의 생태는 반대인 것이다. 얼마나 조화로운 자연인가. 자연이 주는 선물이 참으로 고맙다.

겨울이면 파래 굴전과 파래 굴 떡국으로 추위를 달랬다. 동치미 무를 얇게 채 썰어 파래와 함께 무쳐먹으면 상큼하고 향긋한 냄새가 입맛을 돋웠다. 특히 부채꼴모양의 파래전병을 좋아해서 몇 천 원어치 사와서는 종일토록 바삭거리며 먹었다. 이 과자는 '엄마꺼', 이렇게 눈도장을 찍어 식탁에 올려놓으면 아이들은 탐내지 못했다. 그야말로 혼자 먹는 행복을 만끽하고는 했는데, 해변에 널린 파래를 실컷 봤으니 집으로 돌아가면 아마 파래 전도사가 되어 있을 것이다. 제일 손쉬운 파래무침부터 식탁에 올려야겠다.

해변 중앙에 서자 1km나 되는 고운 모래사장이 반달처럼 펼쳐지고, 양쪽으로는 소나무 우거진 기암절벽이 포근히 해변을 감싸고 있다. '구름미雲山尾', 즉 구름언덕 끝자락이라는 이름처럼 아늑한 해변이다. 다시 나무 데크길에 올라가 계단에 잠시 앉았다. 데크길 옆으로 1m는 넘어 보이는 모래언덕에 소나무와 해당화 그리고 갯그령 같은 사구식물들이 자라고 있다. 여기에 앉으니 바다가 훤히 보인다. 해변 가운데에 데크길을 설치한 안목에 박수를 쳤다.
바닷물이 들어오면서 해변이 점점 예뻐지고 있었다. 구름 같이 하얀 물거품 위에 떠있는 반달쪽배에 냉큼 올라타 볼까나. 해변으로 뛰어가 바닷물에 풍덩 발을 담근다.

바다를 품은 사람들

#08
수망산

수망산은 소원면 의항리에 있는 149.6m의 높지 않은 산이다. 태안 산림의 90퍼센트가 소나무라는 사실을 안다면 이곳에서는 다른 느낌으로 걸어볼 수 있다. 낙엽송을 보는 재미가 쏠쏠하였고 동행한 가씨 아저씨의 진지한 설명이 보태져 40분 동안 공부하는 산행이 되었다.

소태나무 뽕나무 참빛나무 밤나무 떡갈나무 귀염나무 산초나무… 익숙하게 보아왔던 나무들과 반갑게 눈인사를 건네고, 처음 만나는 나무들은 만져보고 냄새 맡고 사진을 찍으며 기억해주겠다는 약속을 했다. 첫 만남이 많아서 산행속도가 느려졌지만 가씨 아저씨는 묵묵히 기다려주었다. 간간히 나무의 쓰임에 대해서도 알려주었는데, 책으로는 배울 수 없는 생소하고 재미있는 이야기를 구성지게 풀어주었다.
"저놈이 소태 같은 놈이로구나!" 옛 어른들은 말을 잘 듣지 않는 아이에게 이렇게 말했다. 소태나무의 쓴 성질을 빗대어 만든 말이다. 성질은 매우 쓰지만 위염이나 소화불량에 좋다. 참빛나무는 가지에 생선지느러미 같은 코르크막이 올라와있는데 여기에 지혈성분이 있다. 약이 귀했던 시절에는 민간약으로 쓰였기 때문에 약

초공부는 생활 속에서 저절로 익혔다고 한다. 기억해보면 할머니 손은 약손이었다. 전설처럼 내려오는 민간요법 덕분이었을지 모른다.

140m지점 망산 고개에 잠시 쉬었다가 수망산 정상에 올랐다. 소원면 의항리와 원북면 신두리 사이의 넓은 만이 한눈에 내려다보인다. 산 정상에 올라와서 볼거리를 찾는 것이 우습지만, 나도 모르게 "볼 게 별로 없네요." 하고 말았다.

먼 바다를 바라보던 가씨 아저씨가 대답한다.

"산에 뭐 별게 있간디. 멀리 바라보는 맛으로 올라오는 거쥬."

"그럼 재미있는 옛날이야기 하나 해주세요."

이어지는 가씨 아저씨의 이야기는 임진왜란으로 거슬러 올라간다.

"이곳에서 봉화를 올려 맞은편 소근진성에 왜구의 침입을 알렸데유…"

중국 소주성에 살던 가씨 삼형제가 조선에 원군으로 오게 되었단다. 전쟁에서 두 형제만 간신히 살아남아 고향으로 돌아가지 않고 가의도에 정착하였다. 이후 남면과 원북면에 각각 터를 잡고 살았으며, 소주 가씨의 시조가 되었다. 남면에 있는 숭의사가 소주 가씨의 사당이다. 해마다 음력 10월 시제 지내는 날이면 전국각지에서 자손들이 올라와 조상을 기린다고 한다.

역사의 현장을 본 듯 생생한 이야기였다. 사람들은 곧잘 '모든 것을 품는 어머니 같은 바다'라고 말한다. 이국땅에서 열심히 살아온 사람들, 그리고 그들을 품은 태안 사람들. 바다를 품고 사는 사람들의 이야기를 들으며 수망산을 내려왔다.

성숙한 향기

#09
천리포수목원

사람이 아닌 나무가 주인인 곳이 있다. 그래서 자연만이 가진 신비로움이 숨어있다. 깊은 잠에 빠져있다가도 자신이 깨어나야 할 시간에 맞춰 장막을 걷고 깨어난다. 계절마다 웅성거리는 소리가 다른 곳, 천리포수목원이다.

면적 18만평의 14,000여 품종에 이르는 식물원에는 계절마다 다르게 피는 꽃으로 가득하다. 봄에는 전 세계에서 수집된 400여종의 목련이 피어난다. 여름에는 수련이 연못을 메우고 연못가에는 수국이 우아하게 꽃을 피운다. 가을에는 가을벚나무와 목서(물푸레나무)의 향기가 식물원을 가득 채우고, 겨울에는 납매 설강화 풍년화 등 100여종의 겨울꽃이 수목원 곳곳에서 피어난다.

설립자 민병갈(Carl Ferris Miller, 1921~2002)선생의 흉상이 수련이 가득한 습지원을 바라보며 서있다. 선생은 한국전쟁 당시 한국에 왔다가 1962년부터 토지를 구입하고 수목을 심기 시작했다. 전생에 한국인이었다고 했을 만큼 한국을 사랑했던 그의 꿈은 바다가 보이는 녹색의 정원을 만드는 것이었다. 그의 녹색 정원은 아시아 최초로 국제수목학회가 지정한 '세계의 아름다운 수목원'

으로 지정받았다.

평생 나무처럼 살고 싶어 했고 후생에는 개구리로 태어나고 싶어 했던 그는 고향에서 가져온 태산목련나무와 영원히 함께 하고 있다. 흉상 옆에 '민병갈 박사의 나무'가 있다.

천리포수목원에는 성숙한 향기가 난다. 1970년에 수목원이 조성되어 오늘에 이르렀으니 그 세월만큼 성숙한 꽃이고 나무다. 꽃이 많아 화려할 것 같지만 의외로 수수한 분위기다. 꽃무리는 나무와 조화롭게 어우러진다. 어느 한 곳이라도 지나치게 화려하거나 튀는 곳이 없다. 구석구석 정성스럽게 손질한 사람의 손길을 느낄 수 있으나 꾸미지 않은 듯 소박함이 있다. 이곳은 꽃과 나무가 주인이므로 사람은 그저 그들이 원하는 대로 따라갈 뿐이다. 고즈넉한 수목원에서 들려오는 잎새 떨리는 소리, 새들의 지저귐, 파도 소리가 도시인의 마른 감성을 촉촉이 적신다.

모래해변의 발코니 나무의자에 앉아 해님이 마지막 불길을 달구는 바다를 바라본다. 해는 낭새섬(닭섬)에 반쯤 걸렸다. 해질녘의 의식을 치르기에 모자람이 없다.

마루금을 따라 걷다

#10
국사봉

천리포수목원의 생태교육관 뒤편 등산로 안내표지판을 따라 국사봉에 올라간다. 만리포해변까지 3.6km에 이르는 한 시간 남짓 걸리는 등산길이다. 해발 205m로 바라길과 소원길 구간에서 가장 높은 산이다. '국수봉'이라고 부르던 것이 네 개의 봉우리를 말하는 '국사봉'으로 부르게 되었다.

조금만 올라가도 천리포해변의 풍경과 닭섬이 그림처럼 눈앞에 펼쳐진다. 나는 바다와 산과 어깨를 나란히 하며 걷는다. 호젓한 산길에는 햇살이 파도처럼 너울거린다. 걸음걸이는 파도타기 하듯 매끄럽고, 카펫처럼 깔려있는 폭신한 모랫길에 피곤한 줄 모른다.

산에는 벚나무가 많다. 위풍당당한 소나무 아래에서도 기죽은 모습이 없다. 어느 봄날 버찌 먹은 새들이 이곳에 심어놓은 것일까. 국사봉은 봄이 가장 예쁘다고 한다. 벚꽃이 흐드러지게 필 때면 마음까지 설렌다고. 청설모가 솔방울 씨를 까먹고는 부리나케 도망을 간다. 떡갈나무에 달린 도토리는 내일 먹고 밤나무에 달린 밤톨은 모레 먹고 가래나무에 달린 가래는 글피 먹겠다나.

정상에는 전망대가 있다. 수평선이 보이는 바다 쪽으로는 백리포 천리포 만리포가 보이고, 반대편으로 신두리와 의항만이 널찍하게 펼쳐진다. 가물가물 물안개가 피어올라 신두리의 바다는 아득한 곳에 머물렀다. 앞서거니 뒤서거니 바다를 쫓아가는 능선과 능선을 이어주는 마루금이 아름답다. 눈으로 마루금을 따라 걸으며 태안의 모습을 가슴에 담는다.

산이 주는 선물은 소박하다. 감사히 받는 것 또한 상대에 대한 예의이므로 즐겁게 받았다. 그러면서 여태 고마운 줄 모르고 살아온 것에 반성했다. 소원길에서 만난 고마운 사람들을 떠올려본다. 보고 또 보는 영화처럼 장면 장면을 떠올리게 될 것이다. 또 한편의 명화를 간직하게 되었다. 오름길 보다 내리막길이 가팔라 투두둑, 뜀박질을 하며 내려간다.

몇 걸음 옮기면 만리포해변에 닿을 듯하다. 바다다!

정서진에서 부르는 노래

#11
만리포

뚝딱선 기적소리 젊은 꿈을 싣고서
갈매기 노래하는 만리포라 내 사랑
그립고 안타까운 울던 밤아 안녕히
희망에 꽃구름도 둥실 둥실 춤춘다
—반야월 〈만리포 사랑〉

'정서진', 서해안 끝이다. 만리포는 1955년 태안군 31개 해수욕장 중 가장 먼저 개장된 역사 깊은 해수욕장이다. 1956년에는 만리포와 인천을 잇는 연락선이 생겨 여름 피서객을 유치할 수 있는 길을 열었다고 한다. 이후 1958년 가수 박경원이 부른 '만리포 사랑'이라는 대중가요가 등장하면서 더욱 널리 알려지게 되었다. 해변 입구에는 그 노래비가 있다.

정겹고 건강한 가사다. 여객선이 드나들던 시절, 만리포에는 젊음이 춤추고 사랑이 넘실거렸다. 지금도 은빛 백사장에는 젊음이 넘쳐난다. 모래밭을 뛰어다니며 공놀이를 하다가 친구를 튜브에 태워서 바다로 끌고 들어간다. 그러다 지치면 모래 위에 서로의 이름을 새기고는 기념사진을 남긴다. 바다와 모래만 있으면 즐거울 때다.

길게 뻗은 백사장을 부부가 걸어가고 연인들이 걸어간다. 갈매기들은 유유히 하늘을 날다가 사뿐히 해변으로 내려앉고, 누군가 다가오면 친절하게 그 자리를 내어준다. 모두 자기 나름의 방식으로 바다를 만지고 사랑한다.

만리포의 옛 이름은 '모래장벌'이었다. 장벌은 '크고 넓은 벌'이라는 뜻이다. 조선 세종 때 중국 사신들을 전송하며 '수중만리 무사항해'를 노래한 것이 유래되어 '만리장벌'이라고 부르다가 해수욕장으로 개장되면서 만리포라고 하였다. 백사장의 길이와 상관없는 배려의 마음이 묻어나는 이름이다. 노래비 옆에 세워진 기름 유출 사고의 아픔을 보여주는 석비를 보면서 태안 사람들의 따뜻한 마음을 느낄 수 있었다.
천혜의 낙원, 재앙의 시작, 기적의 인간띠, 아름다운 순간들, 다시 태어난 서해안을 주제로 한 사진들이 돌비석에 새겨져있다. 태안을 다시 살리려는 열망과 자원봉사자들에 대한 감사의 마음이 절절하게 담겨있다.

메아리가 된 뱃고동

햇살이 화사한 들녘에 흩어지는 풀벌레소리

깊이를 알 수 없는 바다에서 들려오는 해녀의 숨비소리

파도에 부딪치는 몽돌의 맑은 노래

마른 갯벌에 퍼지는 가래질소리,

풍요로운 소리 소리들…바닷소리가 가슴을 적신다.

제 3 구간

파도길

뱃고동 울리면

#01
모항

만리포 사랑 노래비에서 등대 쪽으로 뻗은 방파제를 따라 걷다가, 왼쪽 숲길로 15분정도 걸어 들어가면 모항이 나온다. 항구는 태안의 어떤 바다보다 생동감이 넘쳐난다. 원래 모항이 잡초가 무성한 불모지 그리고 물을 건너가는 곳이라는 뜻의 합성어라는데 이름과는 달리 옛날 모습은 찾아볼 수 없을 만큼 활기차다. 연근해에서 활동하는 배들이 북적이고, 수산물이 판매되는 직판장에는 싱싱한 해산물을 사려는 사람들로 붐비고 있었다. 우럭 광어 같은 횟감용 고기가 퍼덕거리고 전복 해삼 가리비 바지락 등 어패류들이 빼끔빼끔 해감을 토하는 모습은 청정 수산물 천국다웠다. 가격도 저렴한데다 인심 좋은 상인들이 주는 덤은 이곳을 찾아온 사람들을 행복하게 한다.

해삼축제가 열리는 6월이면 해마다 약 5만 명의 인파가 찾는다고 한다. 특히 해녀들이 직접 채취한 자연산 해삼물회는 이곳만의 별미다. 4만 5천원이라는 가격이 조금 부담스러웠지만 처음 맛보는 음식이라 호기심이 생겼다. 배와 미나리 등 여러 가지 야채로 버무린 해삼에 메밀국수사리와 함께 먹는 새콤달콤한 맛이 일품인 바다음식이었다. 젓가락 대신에 숟가락으로 오돌오돌한 해삼을 푹푹 떠먹었다.

바다가 육지 깊숙이 들어온 곳에는 어김없이 사람들이 마을을 이루고 살았다. 죽 늘어선 횟집 뒤로 가파른 '밭고개'가 절경을 이룬다. 고개턱에 밭이 많아서이기도 하고, 밭고개를 넘어 개(바다)에 가서 고기를 잡았기 때문에 붙인 이름이기도 하다.

가까운 바다에 나가 고기잡이를 하다가도 틈틈이 농사를 지으며 살아가는 어촌 사람들의 건강한 모습이 떠오른다. 잡초가 무성한 불모지를 개간해서 농사를 지었고, 바닷물이 빠지면 갯벌에 나가 해루질을 하고, 바다가 잠잠하면 해녀들은 전복과 해삼을 따고, 어부들은 배를 띄워 꽃게와 고기를 잡았다. 이곳 사람들에게 땅과 바다는 떼려야 뗄 수 없는 삶의 터전이었다.

맞은편에 서서 항구를 바라보니 서해안의 1종 어항답게 규모가 무척 크다. 배가 들어오고 나가는 모습이 평화롭다. 느림의 미학을 알고 있는 듯 절대 급하게 서둘지 않는다. 들고 나는 뱃고동소리에서 양보와 배려가 드나든다. 만선의 꿈을 안고 떠나는 이들에게 희망의 소리이고 또 만선으로 돌아오기를 바라는 이들에게도 희망의 소리다. 항구를 바라보며 항구의 소리에 귀 기울여보는 것 또한 신선한 경험이지 않겠나.

항구 끝자락에는 빨간등대와 하얀등대가 비스듬히 바라보고 서있다. 해질녘 따뜻한 차 한 잔을 마시며 기울어가는 해를 바라보아도 좋겠다. 빨간등대 길을 따라 걷다가 나무벤치에 앉아 조용히 차를 마신다. 차 한 잔의 여유가 그저 좋기만 하다. 예쁜 옷차림이 아니면 어떠랴. 등산복 입은 그대로 내 모습 한 장 남긴다.

"찰각!"

풀꽃을 볼 때는 그랬지

#02
모항저수지 가는 길

꽃시장에 간다. 머릿속에 쓸모없는 생각들로 꽉 차있을 때나 스스로에게 행복을 선물하고 싶을 때다. 새벽에 가야 '좋은 꽃'을 살수 있다지만 좋은 꽃이라는 의미를 잘 모르므로 복잡한 출근시간을 피해 느긋하게 집을 나선다. 전철을 타고가면서 처음 만날 꽃들을 생각하면 왜 그렇게 달뜨는지. 꽃시장만큼 화려하면서 향기로 가득한 곳이 있을까. 꽃시장에 들어서면 세상에 있는 예쁜 꽃은 다 모여 있는 것만 같다. 장미 작약 카네이션 라넌큘러스 아네모네 튤립……, 그리고 새로운 품종으로 탄생된 어려운 이름을 가진 꽃들이 "어서 나를 데려가주세요."하며 바라본다. 꽃 중에 꽃은 장미라는 말은 옛말이 되어버린 듯하다. 다양한 색깔에도 화려한 모양에도 밀려 장미는 이제 소박한 꽃이 되었다. 그러나 아무리 둘러봐도 내 눈에는 장미만큼 화려하고 예쁜 꽃이 없는 듯하다. 실컷 꽃구경을 하고 돌아올 때쯤 품에 안고 있는 건 장미나 해바라기 들국화 한 다발이다. 익숙해서 좋고 변함없어 좋다. 적어도 일주일 동안은 꽃이 주는 활기로 마음이 즐거워질 것이다.

'땅에서 귀뚜라미 등에 업혀오고, 하늘에서 뭉게구름을 타고 온다.'는 옛말처럼 모항저수지로 가는 길은 가을 모습으로 짙어간다. 메뚜기는 폴짝거리며 풀숲과 논 사이를 가로지르고 풀벌레는 바람의 선율에 맞춰 가을 노래를 부른다. 바닷가마을 사람들은 꽃을 좋아하나 보다. 집집마다 안뜰이며 바깥뜰에 꽃 천지다. 담 밑에는 천사나팔이 하얀 꽃을 피우고 보라색 도라지꽃이 한들거린다. 마을길 동백나무에는 사과같이 붉은 열매가 탐스럽게 열렸다.

마침 대문 앞에서 나물을 다듬고 있는 아주머니께 동백열매도 먹을 수 있는지 물었다. 당연하다는 듯 동백은 버릴게 하나도 없다고 한다. 꽃은 차로 마시고 열매는 기름을 짜서 감기 걸렸을 때 먹으면 효능이 좋단다.

참빗으로 머리를 빗은 다음 동백기름으로 윤을 내어 쪽을 지던 시어머님이 떠오른다. 언젠가 닳고 닳아 뭉뚝해져버린 시어머님의 은비녀를 대신할 세련된 비녀를 선물해 드린 적이 있었다. 며느리가 서운해 할까봐 딱 한번 해보더니 마땅찮으셨는지 다시금 그 오래된 은비녀만을 사랑하셨다. 생전 파마라고는 모르고 미장원에도 가 본 적이 없으셨던 분이다. 요즘 누가 동백기름을 머리에 바르겠는가. 영양 많은 헤어제품이 넘쳐나는데. 그런데 사람들의 머리카락은 점점 윤기가 없어지니 참 아이러니하다.

숲길로 들어서자 흰색 산구절초가 먼저 맞이한다. 민들레 씨앗처럼 생긴 자주빛 각시취, 몽알몽알 흰 꽃이 맺힌 기름나물, 짙은 하늘색을 가진 닭의장풀, 보라색 절구공 모양을 한 절굿대, 귀여운 초롱모양의 가는층층잔대, 절개가 있어 보이는 황홍색의 원추리, 이름과는 어울리지 않게 연한 보라꽃을 피우는 범꼬리풀……. 이들은 혹 못보고 지나치더라도 서운해 하거나 화내는 법 없이 계절 따라 피고 지는 풀꽃이다. 지나치게 화려하지 않고 지나치게 크지 않고 과장된 몸짓 한번 없어도 시장의 꽃과는 다른 잔잔한 울림이 있다.

누군가는 말한다. 풀꽃은 사람을 저절로 겸손하게 만든다고. 너무

작아서 허리를 굽히고 봐야 한다고. 숲길을 걸으며 부지런히 무릎을 구부리고 허리를 굽혀 인사를 했다. '자세히 보아야 예쁘다 / 오래 보아야 사랑스럽다 / 너도 그렇다' 나태주 시인이 노래한 것처럼 풀꽃은 그렇게 해야 볼 수 있다. 진정한 즐거움은 자연스러울 때 느낄 수 있는 것이다. 누군가에게 칭찬을 듣거나 인정받거나 사랑받으려고 애쓰지 않는 마음이, 그런 마음이 산에 피는 꽃들에게 그리고 나에게 있었다. 풀꽃을 볼 때는 그랬다.

모항저수지에는 연꽃이 지고 있었다. 바다와 떨어져 마을 깊숙이 들어앉아 몰래몰래 꽃을 피우고 있었는가 보다. 잠자리는 연꽃에 앉았다 날았다 하며 물가를 노닌다. 저수지물도 잔잔하다. 따라서 마음도 잔잔해지니 가지고 있던 불평불만의 기억도 화난 기억도 다 잊힌다.

숨비소리 들린다

#03
어은돌

"호오이 호오이!"
해녀들의 숨비소리였다. 어쩌면 한숨 같기도 한 이 소리는 바다 속을 드나들며 내뱉는 해녀들의 가쁜 숨소리다. 소리가 들리지 않았다면 그냥 지나쳤을 것이다. 방파제 가까이에 띄워놓은 배 주위로 검은 점들이 대여섯 보이더니 연신 오리발을 수면 위로 쳐올리고 자맥질한다. 매끈한 청둥오리 같다.
"안녕하세요?"
손을 마구 흔들며 인사를 건넸다. 고맙게도 손 인사로 답한다.

'어은돌'은 고기가 숨을 수 있는 돌이 많다 하여 불린 이름이다. 방파제를 따라 세워둔 널방마다 생선이 가득 널려있다. 우럭과 놀래미가 따가운 가을볕에 꾸덕꾸덕 말라가고 있었다. 시원한 해풍이 불어서일까 생선비린내도 안 나고 신기하게 단내가 난다. 쌀뜨물에 새우젓으로 간을 한 시원한 우럭젓국이 생각나고, 청양고추를 듬뿍 넣고 조린 짭조름한 놀래미조림도 생각난다. 사랑할 수밖에 없는 바닷가 음식들이다.

햇볕 잘 드는 또 다른 널방에서 할머니가 짤막한 다시마를 널고 있었다. 얼른 쫓아가 사진 한 장 찍겠다고 하자, "찍으슈. 인자 신문에 나오겠구면유."하신다. 할머니, 신문보다 더 재미난 데 실어드릴게요. 반쯤 말린 다시마를 척하니 뒤집어 널어도 가지런한 것이 자로 잰 듯하다. 할머니가 직접 따오신 거란다. 딸네 며느리네 주려고 물 빠진 바위를 찾으셨겠지. 그러고는 미끄러운 바위 틈에서 살랑살랑 춤추는 다시마를 부지런히 건져 올리셨겠지. 바다에 나가기만 하면 먹을거리가 있으니 바라만 보아도 배가 부를 것 같다.

하얀 등대를 보며 방파제를 따라 올라가면 홀로 떨어져 있는 섬이 하나있다. 주변에 다른 섬은 없다. '돌오섬'이라는 이름처럼 외로워 보인다. 예전에는 바닷물이 빠지면 굴이나 전복, 해초 등을 따기도 했으나 방파제가 생기면서 갇힌 섬이 되었다. 지금 돌오섬은 옛 시절을 회고하며 철썩이는 파도에 부딪치던 때를 그리워하고 있을지도 모르겠다.

나는 해녀, 바다의 딸
만경창파 이 한 몸
바다에 내던져
바다밭에 농사지으러
열길 물속을 드나든다네
우리 집의 대들보, 나는 해녀
가슴엔 테왁, 손에는 미역 낫
밀물과 썰물 해녀인생
어서 가자 이어써 물때가 되었으니

—현기영 〈해녀노래〉

바람소리 파도소리

#04
파도리

파도가 밀려오고 나갈 때 마다 옥구슬 구르는 소리가 난다. 좌르르 좌르르…… 파도가 몽돌에 부딪치는 소리와 예쁜 몽돌 위를 걸어 다닐 때마다 나는 자그락거리는 소리는 멋진 합주곡이 된다. 파도리라는 이름대로 바람을 가르고 밀려오는 파도가 세차다. 세찬만큼 소리도 크고 경쾌하다.

태안해변이 넓고 긴 백사장으로 유명한데 비해 파도리는 몽돌로 이루어진 해변이라는 점이 특이하다. 거제의 학동해변과 완도의 정도리해변의 몽돌과 비교하면 파도리의 몽돌은 아주 작고 단단한 것이 특징이다. 손으로 만져보면 매끈매끈한데 오랜 풍화작용과 파도에 부딪히고 궁굴리어져 작은 해옥으로 탄생된 것이다.
이 해옥에 색을 입혀 여러 가지 장신구를 만든다. 파도리로 들어가는 마을 입구에 해옥 전시장이 있어 작품들을 구경할 수 있었다. 식탁과 의자 같은 큰 가구부터 목걸이 팔찌 귀걸이 열쇠고리 같은 장신구까지 다양하다. 원석에 색을 넣어서 보석으로 만드는 기술이 태안군의 특산물로 인정받았다고 한다. 기념품을 사는 습관이 있어서 해옥팔찌 하나를 팔목에 걸어보았다. 마디마다 들어간 옥색 연분홍 보라색 해옥이 보석처럼 빛난다.

누구나 한 번쯤 조약돌에 크레파스를 칠하고 사랑마크를 그려서 너와 나의 이름을 적던 기억이 있지 않나. 꽃을 따서 조약돌 둘레를 장식하고 우정의 언약식을 했던 기억은 없던가. 미희 정애 영숙…, 학창시절 무수히 불렀던 친숙한 이름들을 부른다. 같이 교복 줄여 입고 교정 느티나무 아래에서 까불며 기념사진 찍던 일이 엊그제 같은데,

그대들은 잘 있는지. 세월은 거침없이 흐른다.

자염축제

#05
근흥면 마금리 낭금마을

자염煮鹽은 바닷물을 끓여 만든 소금이다. 우리 조상들은 삼국시대 이전부터 자염을 만들어 먹었다. 일제 강점기에 일본인에 의해 들어온 값싼 천일염天日鹽에 밀려 잊혀오다가 한국전쟁 전후로 그 명맥마저 끊어졌다. 2002년 5월에 마금리 낭금갯벌에서 전통방식대로 자염을 생산하면서 새로이 주목받게 되었다. 낭금갯벌의 자염은 송홧가루 날아 앉은 송화소금과 함께 태안의 대표소금이다.

낭금갯벌은 자염을 생산할 수 있는 천혜의 조건을 갖추고 있다. 갯벌이 말라있을 때만 자염 생산이 가능한데 이곳은 지대가 높아 조금 때 약 6~7일 동안 바닷물이 들어오지 않는다. 이때 갯벌 가운데 함수鹹水를 모으는 통자락을 설치하고 갯벌 흙을 말려 염도를 높인다. 써레질로 흙을 부수고 다시 덩이질로 콩가루처럼 말리는 작업을 반복한다. 다음은 가래질로 갯벌 흙을 퍼서 통자락을 메운다. 뻘물이 통과하면서 정화된 물이 통자락 안에 모이게 하는 방법이다. 사리 때 바닷물이 들어오기를 기다렸다가 다시 조금 때가 왔을 때 통자락을 열어 염도가 높아진 함수를 가마가 있는 염벗으로 옮긴다. 마지막 단계로 가마솥에 불을 지펴 함수를 계속 끓여 하얗고 보드라운 자염을 만든다. 한 통자락에서 대략 소금 세 가마 정도가 나온다.

여러 단계를 거쳐야 생산되는 자염은 땀의 결실이었다. 소금수확 후에는 역할에 따라 수고한 만큼의 소금을 가졌다고 한다. 물지게를 져 함수를 옮기는 일이 가장 힘든 노동이었던 이유로 '간쟁이'가 많은 양의 소금을 가졌다. 염벗을 가진 주인이 적은 양의 소금을 가졌다고 하니 공평한 나눔의 법이 존재했던 것이다.

"어히 영차 가래질이야, 어허 한덩이 한덩이 가래질이야…."
가래질을 하며 부르는 노래다. 한쪽에서 소리를 먹이자 축제에 모인 사람들은 소리를 받았다. 소리를 곁들이면 일이 힘든 줄 모른다. 신명난 소리가 낭금갯벌에 울려 퍼졌다.

덩이질 시연을 하면서 두 명의 아이들이 덩이판을 타고 통자락 주위를 한 바퀴 돈다. 아이들 웃음소리로 축제가 떠들썩해졌다. 별다른 놀이가 없던 시절 덩이질은 아이들에게 신나는 놀이였을 것이고, 소가 끄는 덩이판에 올라타는 것만으로 아이들은 즐거웠을 것이다. 노동과 놀이가 어우러지는 모습이 아름다웠다.

가마가 있는 염벗으로 자리를 옮겼다. 아궁이에 불을 지펴 대략 10시간 정도 함수를 끓여야 하는데 간쟁이 역할을 하는 아저씨가 새벽부터 나와 불을 지피고 있다고 한다. 아저씨는 끓는 함수에서 올라오는 거품막을 뜰채로 부지런히 걷어내었다. 이유를 묻자 쓴맛과 떫은맛을 없애 가볍고 순한 맛의 자염을 만들기 위해서라고 한다. 뽀얀 수증기가 올라오는 큰 가마솥 밑바닥에 하얀 침전물이 가라앉아있었다.

막 만들어낸 자염을 집어 손바닥에 올려 문질러보았다. 입자 고운 설탕가루처럼 손바닥에 부드럽게 퍼진다. 조금 집어 혀끝에 대어보았다. 짠맛과 단맛이 섞인 맛이다. 소금 맛은 콩나물국을 끓였을 때 판가름 나는데 조미료를 넣지 않고도 국물 맛이 나야 좋은 소금이라고 한다. 과연 맹물에 콩나물국을 끓여도 자염으로 간을 하면 맛이 날 것 같다.

소금 섬이 쌓이면 전국에서 상인들이 몰려들던 때가 있었다. 천일염과 경쟁에 밀려 겨우 반세기만에 사라진 자염이다. 크고 작은

간척사업으로 갯벌이 사라지면서 영원히 우리 식탁에서 사라질 뻔한 자염이다. 그러나 최근 슬로푸드에 대한 관심이 높아지면서 인터넷 주문이 많아졌다고 한다. 자염의 화려한 부활이 반갑다.

낭금갯벌 축제는 가장 가을다운 날씨에 진행되었다. 햇볕은 따갑게 내리쬐고 먼 바다에서 청량한 바람이 불어왔다. 장화 신은 아이들은 잿빛으로 빛나는 마른 갯벌을 마음껏 뛰어다녔다.

꼭꼭 숨겨둘래

#06
아치내해변

소원면 파도리 아치내해변은 깊숙한 곳에 숨어있다. 꾸미지 않은 수수한 이름 때문에 호기심이 생기는 해변이지만 가족들의 휴양지로서보다는 바다낚시를 즐기는 사람들에게 잘 알려진 장소다. 시내버스도 없고 오가는 사람도 보이지 않는 한적한 논두렁과 밭두렁 길을 지나 해변에 도착하자 파도소리와 바람소리가 소곤거리며 다가온다. '심심했어요' '어서 오세요' 하며 반갑게 인사한다.

해변 중앙에는 바다를 마음껏 볼 수 있도록 통유리로 마감한 현대식 건물 한 동이 들어서있다. 최근 TV에서 방영되고 있는 에코주택을 짓고 있는 중이라고 한다. 마을회관으로 사용될 것인지 펜션으로 사용할 것인지 모르지만 조용한 해변에 사람의 발길이 잦아지지 않을까 생각되었다.

해변 양쪽으로 장끼를 닮았다는 산자락이 해안을 따라 뻗어있다. 숲으로 난 작은 오솔길에는 갈대와 어울린 노란 들국화가 앙증맞게 피었다. 생각지도 않은 곳에서 숲속 향기를 전해주는 꽃무리들을 만나자, 국화향기를 따라 들른 전통찻집에서 차를 마시며 행복해하던 일이 떠오른다. 한 모금 마실 때마다 사랑하는 사람에게 전해주고 싶은 향기였다. 솔잎이 떨어진 숲길은 맨발로 걸어도 좋을 만큼 푹신해 보인다. 기분 좋게 해변으로 내려갔다.

작거나 크거나 상관없이 몽돌마다 바다고동이며 굴 해초가 풍성하게 자리 잡고 있다. 다녀가는 사람도 없어 마음 놓고 바위에 터를 잡았나 보다. 조심조심 바다를 향해 다가가 물가에 앉았다. 몽돌로 이루어진 해변이어서인지 바닷물이 깨끗한 개울물처럼 맑다. 바다하면 떠오르는 물빛이 아닌 초록빛과 푸른빛이 예쁘게 섞인 고운색이다. 아치내해변에서 조금 떨어진 '화창도'에는 맑은 물이 나오는 샘물이 있다는데 어쩌면 아치내의 맑은 바닷물과 연관이 있을지도 모르겠다.

손을 담그자 작은 파도가 살랑이며 손가락을 간질인다. 꼭꼭 숨겨놓고 혼자서만 바라보고 싶을 만큼 예쁜 해변이다. 맑은 날이면 '가의도'와 '꽃섬' '사자바위'를 볼 수 있다지만 옅은 해무가 있어 섬과 바위는 희미하게 형체만 알아볼 수 있었다. 멋진 그림을 펼쳐줄 섬들의 모습을 궁금해 하며 '통개항'으로 향했다.

금나와라 뚝딱

#07
통개항

파도리에는 '생금이' '석금이' '만억금' 같은 금이 들어가는 지명이 많은데 옛날 사금이 많이 나온 것에서 유래한다. 마을 사람들은 통개를 만억금이라고도 부른다니 "금나와라 뚝딱"하면 억만에 이르는 금이 와르르 쏟아질것 같아 자연스럽게 침이 꼴깍 넘어갔다.

자그마한 항구에 20여 척의 배가 묶여있다. 제방을 밝혀야하는 가로등은 갈매기가 일찌감치 차지했고, 사람이라고는 배 위에서 그물을 손질하는 한 쌍의 부부와 갯바위에서 낚싯대를 드리운 낚시꾼 몇몇을 보았을 뿐이다.

나란히 마주보고 서있는 바위가 보인다. '형제바위'라고 한다는데, '솔섬' '형제섬' '삼형제섬' 모두 리아스식 해안에 있는 작은 섬들에게 흔히 붙여지는 이름이다. 바닷물이 빠진 형제바위 사이로 난 길에서 사진을 몇 장 찍었다. 사진 속에서 형제바위가 '나도 섬이야'를 부르짖으며 덥석 안긴다. 경운기 자국이 반질하게 난 길을 보면서 바지락을 캐고 다녀갔을 부지런한 바닷가 사람들의 모습을 떠올린다.

통개에는 아홉 가구가 산다. 너른 바다와 갯벌이 전부 그들의 농

장인 셈이다. 그래서 태안의 바다와 마을을 둘러볼 때면 늘 풍요롭다는 느낌을 받았는지도 모른다. 나 한 사람쯤 여기에 눌러 살아도 누가 뭐라고 할 사람 없을 것 같다.

전복양식장을 하는 정씨 성을 가진 할아버지를 만났다. 오랫동안 마을을 지켜온 원로시라는데 두툼한 손과 다부진 몸에서 아직 중년의 느낌이 풍긴다. 바다에는 젊어지는 샘물이라도 나오는 것인지 바닷가 사람에게는 건강미가 철철 넘친다.
할아버지께 마을이야기를 부탁하자 잠시 생각에 잠기시더니 곧 실타래처럼 풀어낸다.
할아버지는 태안 바다에서 최초로 전복가두리양식을 성공했다. 대개 태안의 전복양식은 바다에 종패를 뿌려 몇 년 후 해녀들이 따는 방식인데 이곳에서는 가두리양식으로 전복을 기른다. 깨끗한 바다에서 싱싱한 다시마를 먹고 자란 이곳 전복은 자연산과 견주어도 될 만큼 알이 크고 싱싱하다. 다도해가 태풍을 막아주는데다 섬과 섬 사이가 좁아 물살이 쎈 지역이라 그렇다고 한다.
참조기가 많이 나던 시절에는 밤새 지게로 지어 나르다가 바닷물이 들어오면 도로 바다에 떠내려가도록 놓아줄 수밖에 없을 정도

였단다. 그때만 해도 바다는 풍족해 아침에 일어나면 참게며 민물장어가 물 빠진 바닷가를 이어 논두렁으로 줄을 지었다니 아마 장관이었을 듯하다. 지금처럼 사진기가 흔하지 않았던 때라 기록사진으로 남기지 못한 것을 못내 아쉬워하신다. 그 시절로 돌아간 듯 할아버지는 말씀 중에 내내 희미한 미소를 지으셨다.
"어르신, 평소에 소일거리로 뭘 하시나요?"
은근히 색다른 이야기가 나오기를 기대했지만 바지락 캐기라는 싱거운 답이 돌아왔다. 역시 할아버지는 바닷가 사람이었다. 많이도 캐지 않고 두세 시간 일해서 딱 100킬로만 하면 집으로 돌아오신단다. 그것이 마을의 공동규칙이라니 재미있는 규칙이라는 생각이 들었다. 더도 말고 덜도 말고 딱 통개마을 사람만큼만 여유로운 삶을 살 수 있으면 좋겠다. 그러고 보면 '만억금'이라는 마을 이름도 풍족한 마을을 뜻하는 말이었다.

할아버지 집 마당은 바다다. 섬의 소나무가 정원수이고 바다는 연못이다. 널찍한 마당에 서서 확 트인 바다를 바라보면 누구라도 바다가 마당이라고 말할 것이다. 할아버지의 여유로운 미소는 바다가 곁에 있기 때문이지 않을까.
마당 한편에는 바지락을 캐고 온 할아버지의 손때 묻은 삼지창 갈고리가 나와 있고 장화가 붙은 해루질 옷이 빨랫줄에 걸려있다. 마른 햇볕과 선선한 바람에 금세 뽀송해졌다.

해맞이 해변

#08
연포

태안군 근흥면 도황리에 자리한 연포해변은 서해에서 일출을 볼 수 있는 곳으로 유명하다. 자동차로 해안 길을 따라가면 '황골' '연포' '도장골' '채석포'를 차례로 만날 수 있다. 가끔은 창문을 열고 시원한 바닷바람을 맞으며 다니는 여행도 즐겁다. 획획 지나가버리는 아름다운 풍경이 아쉬울 때가 있지만 차를 세워놓고 감상하는 재미도 있으니까.

마을 중앙에 서서 바다를 바라보면 마을길이 방사모양이다. 골목 끝자락마다 해변모습이 아련하게 펼쳐진다. 식당이 많고 잡화를 파는 상점도 여럿 있어 사람이 많이 사는 마을이라는 것을 알 수 있다.
해변으로 내려가자 마을과 해변의 구별이 없는 듯 보인다. 마을이 해변을 포근히 감싸고 있는 모양새다. 바닷가 소나무 숲에는 오층석탑과 운동기구가 있어서 산책하고 운동하는 장소로 이용되고 있었다. 열심히 허리돌리기 운동을 하고 있는 할머니, 강아지를 데리고 산책하는 아가씨, 축구하는 아이들…. 연포해변은 지나치게 상업적인 휴양지와는 다르게 마을 사람들의 숨결이 느껴지는 친근한 해수욕장이었다.

아침이면 바다 한가운데 있는 작은 '솔섬' 위로 해가 뜬다. 해마다 연포에는 풍성한 해맞이행사가 열린다. 새해가 되면 2천여 명의 해맞이꾼들이 이곳을 찾아와 소원을 빈다. 마을 사람들은 따뜻한 떡국을 손님들에게 대접하며 어촌의 넉넉한 인심을 선물한다니 밝고 맑은 기운을 듬뿍 받은 사람들은 소망이 이루어질 것이라는 믿음도 얻어가지 않을까. 앞서거니 뒤서거니 사이좋게 공평하게 떨어지는 해를 안으며 해변을 걸을 것이다.
해변의 석탑자리가 제일 인기가 많겠다. 무생물도 기운을 받으면 생명체로 태어난다고 하는데 이끼 낀 모습이 마치 연두색 쉬폰드레스를 걸친 것 같다. 석탑은 마을사람들과 함께 연포바닷가를 지키고 있다.

선착장에 매어둔 주인 없는 쪽배에는 갈매기들이 쉬고 있다. 빈 좌석 없이 빼곡히 앉아 마음껏 일광욕을 즐긴다. 가까이 다가가 사진을 찍어도 날아가지 않는 걸 보면 자기자리임을 주장하고 싶은가 보다. 오히려 작게 흔들리는 물살에 리듬을 타며 지나가는 사람들을 무심히 지켜본다. 이 또한 평온한 한낮의 해변마을 풍경이다.

발끝을 세운 게가 사뿐사뿐 걸어 나온다.

무대에 선 댄서처럼 원을 그리다 집을 짓는다.

파도에 밀려 곧 사라질지언정 원망은 없다.

다시 지으면 될 테니까.

제 4 구간

솔모랫길

남면우체국에서 엽서 한통을 쓰다

#01
해변길 이정표 앞에서

남면버스정류장에 내려서면 빨간색 우체통이 눈에 들어온다. 클릭한 번이면 e-mail이 전송되는 속도의 시대에 살고 있는 우리에게 1년 후 혹은 10년 후에 배달되는 편지가 있다면, 행복한 기다림이 될지도 모르겠다. 1년 전이나 10년 전의 나를 추억하는 것은 재미있는 일이다. 마치 추억의 앨범을 볼 때처럼.

우체국은 여느 도시와 다를 바 없다. 다른 걸 찾자면 태안의 풍경을 담은 그림엽서가 있다는 정도다. 할미할아비바위와 만리포해수욕장이 찍힌 두 장의 그림엽서를 무릎에 포개어놓고 펜을 든다. 누구에게 쓸까? 여행길에 잠시 머무르는 곳에서 내 마음의 풍경을 오롯이 전하고픈 사람에게 부치고 싶었다.

어머니…, 손글씨로 삐뚤빼뚤 몇 자 적는다. 말로 하지 못하는 마음을 글로 쓸 때 우습게도 그 어려움은 말로 표현할 수 없다. 일상이 아닌 일은 역시 수고롭다. 혼자 떠나는 여행을 택했을 때는 지루한 일상에서 벗어나고 싶은 마음이 있어서다. 그런데도 엽서 한 장 쓰는 일이 만만하지 않는 것은 무의식적으로라도 그저 안이함만을 쫓아 살아왔기 때문이다. 작고 소소한 마음을 표현하는 것에도 얼마나 게을렀는지 스스로 반성문을 쓰고 싶었다. 그래서 착한 편지를 쓰기 시작한다. 다음엔 어머니와 단둘이 여행을 하리라는 달콤한 말도, 사랑한다는 낯간지러운 말도 스스럼없이 쓴다. 그래, 이것이 바로 편지의 힘이었지.

한차례 소낙비가 지나간 마을에는 싱그러운 바다향기가 난다. 어린 시절 어머니는 비온 뒤에 꼭 장대 빗자루로 마당을 쓸었다. 그때처럼 길도 하늘도 말갛다. 좁고 긴 마을길 끝자락에는 솜사탕 구름이 걸렸다. 아직 해변은 보이지 않는데 탁 트인 해변을 곧 만날 것만 같다.

화려하거나 크지는 않지만 자연과 어울리는 예쁜 집들을 보니 불쑥 대문을 열고 들어가고 싶다. 마음씨 좋은 아주머니가 시원한 물 한 잔을 대접해 줄 것 같다. 우물에서 막 길어 그릇에 하얗게 이슬이 맺힌 물이면 더 좋겠지. 뚜벅뚜벅 걷다가 정말 목이 마를 때 용기 내어 봐야겠다. 작은 것에도 용기가 필요하다는 걸 새삼 느낀다.

길가에 소담하게 보라색 부처꽃이 피었다. 들깨밭과 고추밭과도 무척 잘 어울린다. 이곳에 사는 사람들은 커다란 정원을 가지고 있는 듯하다. 어디든 꽃이 있고 나무가 있고 바다가 있다. 학암포 가는 길에서 보았던 키 작은 배롱나무도 보인다. 마을의 모든 길은 바다로 나있다.

낭만이 필요할 때

#02
몽산포

몽산포해변을 찾은 날은 국제 모래조각 대회가 열리고 있었다. 진행자의 활기찬 목소리가 들리고 곧이어 서툰 노랫소리가 들린다. 바닷가에서 열리는 노래자랑이라니, 안 가볼 수 없게 만드는 매력이 있다. 언젠가부터 남을 따라하는 것은 촌스러운 일이 되었지만 기웃거리다가 못이기는 척 해변으로 내려갔다.

고래의 꿈, 인어의 노래, 태양은 가득히, 큰 발 가족, 헤라클레스의 성. 모래조각에 붙인 제목들이 다채롭다. 단조로운 모래로 열심히 매력적인 이야기를 만들어놓았다. 파도에 시달려 피곤하고 게으른 모래에 생명을 불어넣고 향기를 내느라 분주하다. 남자들의 손놀림은 다부지고 여자들의 손놀림엔 율동이 있다. 햇볕도 단조로웠건만 그들은 진심으로 이야기꾼이 되어있었다.
여학생들은 모래로 만든 고래조각 앞에서 연신 카메라포즈를 취한다. 함께 껑충 뛰었다가 머리에 하트모양을 그렸다가 깜직 발랄한 표정들을 잘도 만들어낸다. 그녀들이 만든 고래에는 '고래의 꿈'이라는 가사에서처럼 사랑을 찾아서 하얀 꼬리를 세워 길 떠나는 고래가 보이고, 꿈을 찾아 바다를 향해 떠나는 고래도 보인다. 언젠가 큰 고래가 되어 세상 밖으로 나갈 때 어느 한여름에 만들었던 그들의 고래를 떠올릴 것이다.

수평선에는 넘실대는 하얀 파도를 넘어 자욱하게 물보라가 피어올랐다. 한바탕 물놀이를 끝낸 아빠와 아이는 엄마 옆으로 뛰어와 모래찜질을 부탁했다. 엄마와 아이는 정성껏 아빠의 몸에 모래를 쌓았고 몸에서 모래가 흘러내리면 바닷물을 부어 촉촉하게 만들었다. 아이는 아빠의 모래성이 완성되자 나무젓가락으로 만든 소원 깃발을 꽂았다. "우리 아빠 건강하게 오래오래 살게 해 주세요." 아이의 기도에 엄마는 빙그레 웃었다. 엄마는 이번에는 아이의 모래성을 쌓았다.
"톡, 톡, 톡! 두껍아 두껍아 헌집 줄게 새집 다오. 두껍아 두껍아 물 길어 오너라 너희집 지어줄게. 두껍아 두껍아 너희 집에 불났다 쇠스랑 가지고 똘레똘레 오너라."
엄마가 살랑살랑 부채질을 하자 아빠와 아이는 까무룩 잠이 들었다. 나는 엄마가 불러주는 노래가 좋아 무거워질 때까지 몸에 모래를 쌓아달라고 했다. 잠에서 깨어나면 나의 모래성을 만들었다. 모래가 파도에 휩쓸리면 조약돌로 벽을 쌓아 더 튼튼한 성을 지었다. 성이 완성되면 꼭대기에 조개를 장식하고 공주가 되는 꿈을 꾸었다. 내 기억 속의 바다는 늘 반짝였다.

한여름의 해변은 화려하다. 태안팔경 중 한 곳으로 꼽힐 만큼 아름답고 긴 백사장에는 파라솔이 늘어섰다. 태양의 붉은 반짝임과 모래의 은빛 반짝임 속에 파라솔이 환영 깃발을 펄럭인다. 번잡스러움이 없어 느긋하게 해수욕하기에는 그만이다. 쉴 새 없이 바닷물에 들락거리다가 그늘이 그리워지면 소나무 숲으로 들어가면 된다. 해안가에는 모래언덕이 발달되어 굵고 키 큰 해송들이 빽빽이 들어서 있다. 해송 사이사이 자리 잡은 텐트와 해먹이 형형색색이다. 자연과 사람이 만드는 풍경이 아름답다. 모래는 곱고 파도는 부드러우며 소나무는 너그럽다.

역시 여름바다는 혼자보다는 여럿이 있을 때 즐겁다. 낭만이 필요할 때 바다에서 하룻밤을 보내도 좋겠다. 모래성을 쌓고, 바다에 뛰어들고, 파도에 휩쓸려도 보고, 음식을 나누어 먹고, 노래를 부르고, 시를 읊고, 마음 속 이야기를 꺼내어보고, 밤하늘의 별도 헤어보고…. 바다에서 할 수 있는 일은 무수히 많다. 좋아하는 사람들과 함께 할 때 즐거움은 더할 것이다.

4월과 5월이면 주꾸미축제가 열린다. 소라껍데기를 이용해 잡는 것이 이곳만의 특징이다. 소라를 여러 줄에 묶어 바다에 가라앉혀 놓으면 야행성인 주꾸미가 이 속에 들어가게 된다. 그래서 다른 지역의 쌍끌이 그물로 잡는 것에 비해 상태가 온전하고 맛도 일품이다. 조수간만의 차가 심하고 고운 갯벌에서 풍부한 영양분을 먹고 자라 그렇다고 한다. 이맘때면 해당화와 함께 갯메꽃이 해변을 연보라색으로 물들인다.

발가락을 움직여보자

#03
곰솔림

과감하게 신발을 벗어보자. 지친 발에 잠시라도 보드라운 감촉을 느끼게 해주자.

곰솔림에 들어서니 기분이 좋아진다. 소나무가 서로 키 자랑하듯 죽 뻗어있다. 방금 전 내린 비를 머금어서인지 모래는 촉촉하고 부드럽다. 고운 모래에 섞인 솔잎이 발을 간질이고, 진한 솔향이 코끝을 간질인다. 신경을 안정시켜주고 항균작용에 피부노화까지 막아준다는 피톤치드를 마음껏 마신다. 해변에서 불어오는 태양에 익은 바람도 숲이 내뿜는 공기로 금세 청량하게 바뀐다. 무료 발마사지에 좋은 공기는 덤이니 두 팔을 벌리고 개구쟁이처럼 걷는다. 눈치 줄 사람도 없어 마음이 자유롭다. 자박자박 발자국소리가 사랑스럽기만 하다.

해송이라고 부르는 것 보다는 우리말인 '곰솔'이 훨씬 정겹다. 곰솔은 소나무에 속하는 상록교목으로 주로 중부 이남의 바닷가에서 자란다. 키는 약 30m 이상이며 나무껍질은 어두운 갈색이다. 잎은 소나무에 비해 길고 굵으며 진한 녹색을 띠고 겨울눈은 하얀색이다. 햇빛이 잘 드는 곳에서 뿌리가 깊게 자라기 때문에 바닷가 방풍림을 만드는 데 적합하다. 그래서 모래언덕이 잘 발달한 이곳에 곰솔이 군락을 이루고 있다.

잘 여문 솔방울이 드문드문 떨어져있다. 솔방울은 물에 젖으면 무거워진 씨앗을 품속에 간직하느라 비늘을 닫았다가, 마르면 비늘을 활짝 열어 놓는다. 가벼운 몸으로 바람을 타고 멀리 멀리 날아가 씨앗을 퍼트리라는 모정을 그렇게 표현한다. 한마디로 지극정성이다. 9월이면 잠자리 날개 같은 씨앗이 날아가는 모습을 한번쯤 보았을 것이다.

해수욕 차림을 한 가족과 마주쳤다. 그들도 역시 맨발이다. 해수욕과 산림욕을 함께 즐길 수 있는 곳으로 이곳만한 곳은 없으리라. 젊은 부부는 손을 잡고 걸으며 앞서거니 뒤서거니 장난치는 아이들을 흐뭇하게 지켜보고 있다. 사진을 부탁하기에 연거푸 세장을 찍어주었다. 부디 멋진 사진이었기를.

걷다보니 마음이 말랑해진다. 따뜻해진다는 말이 더 적당하다. 보드라운 촉감이 발가락 끝을 타고 정수리까지 올라갔다가 가슴 한켠에 남는다. 시간여행 능력을 가지게 된다면 일상에 지칠 때 이곳으로 순간이동 하는 행복한 상상을 한다.

몽산포 자연관찰로에서 달산포해변까지 약 1.5km에 이르는 제법 긴 곰솔림을 걷고 나면 몸과 마음이 생동감으로 꿈틀거린다. 하루 30분 걷기운동이 좋다는 것은 모두가 아는 사실이다. 아리스토텔레스는 틈만 나면 다른 철학자들과 산책하며 토론했다고 하며 산책

학파라고도 불리었다. 그는 "걷기를 통한 발의 자극은 인간의 신경과 두뇌를 깨치게 하고, 사고와 철학의 깊이를 더하게 한다."고 말했다. 걷기의 효과를 일찍이 안 것이다.

〈세상을 바꾼 무한한 상상력과 창의력의 아이콘〉은 비교적 최근에 출판된 어린이 위인책 제목이다. 애플의 창립자 스티브 잡스를 두고 하는 말이다. 그는 맨발로 대학교정을 돌아다니는 걸 즐겼다. 이후 최고 경영자가 되었을 때도 동료들과 산책하면서 진지한 대화를 나누며 의사결정을 했다고 한다. 맨발걷기는 생각의 싹을 틔워주는 멋진 방법이다.

곰솔림을 걸으며 사색을 즐겨보시라.
몽산포해변을 잇는 달산포해변의 파도소리를
걷는 내내 들었다.
몸과 마음이 깨끗해졌다.

원시의 바다

#04
달산포

확 트인 바다와 광활한 갯벌. 군더더기라고는 없다. 갯벌과 하늘 그리고 구름이 회색빛으로 앙상블을 이룬다. 마법의 수채물감을 섞어 세상에 없는 색을 풀어 놓았다.

달산포해변은 자연그대로의 모습을 간직하고 있다. 태초의 바다가 이렇지 않았을까. 태초에 생명을 품고 탄생시킨 바다. 눈앞에 펼쳐진 바다는 둥글다. 둥근 지구, 둥근 태양, 둥근 달, 둥근 별 그리고 여인의 둥근 가슴과 둥근 배. 둥긂은 과시하지 않아도 아름답다.

서해안은 밀물과 썰물의 차이가 크다. 썰물 때면 깊이가 4m나 되던 바닷물이 빠지고 최대 2.3km에 달하는 갯벌을 드러낸다. 하루에 두 번 바다가 되었다가 뭍이 되는 광경을 바라보면 우주가 얼마나 신비로운지 느끼게 된다. 숨을 크게 한번 들이마신 다음 크게 한번 내쉬어본다. 저절로 들숨과 날숨에 집중이 된다.
고요하다. 바다는 너무 멀리 있고 파도소리는 들리지 않는다.

바닷물이 더 빠졌다. 지금 지구 반대편의 바다도 이곳만큼 뭍이 되어있을 것이다. 문득 반대편 어느 바다에 서있을지도 모를 이국의 누군가를 떠올려본다. 캐빈 코스터너가 주연한 추억의 영화 '병 속에 담긴 편지'에서처럼 지구 저편 누군가가 띄운 병 편지를 받을 수 있으려나. 혼자 해변을 서성이다 뒤돌아보니 덩그러니 발자국만 남았다.

신선하고 창백한 얼굴

#05
청포대

어느 가을, 새벽을 안았다.
부드러운 곰솔에 둘러싸여 해변으로 내려간다.
길은 촉촉하다.
숲의 물방울이 곰솔을 깨우고 마당같이
넓은 백사장까지 깨울 참이다.
신선하고 창백한 얼굴로 반짝이는 새벽의 청포대.
나는 전설 속으로 걸어 들어간다.

하늘이 조금씩 베일을 벗기 시작한다.
해변도 하나하나 베일을 벗는다.
바닷물이 빠지면서 남긴 물길은 아련히 바다를 향하고,
파도는 조용한 노래를 부른다.
밤사이 뿔뿔이 흩어진 바닷게는 흔적을 지우기에 바쁘다.
다시 만날 푸른빛 바다를 기다리며 모래 밑에 꼭꼭 숨었다.
몽글몽글 구슬처럼 남긴 몸부림이 멋진 그림으로 탄생한다.

바다와 가까이선 소나무가 제일 먼저 태양을 맞이한다.
금빛물결이 떨어지자 밤사이 움츠렸던 짧은 팔을 흔들며
활짝 기지개를 켠다.
제대로 된 아침상을 받았나보다.

태초의 별주부를 만나다

#06
거멍바위(자라바위)

청포대해변을 걷다보면 바위 세 쪽을 겹쳐놓은 듯한 삼각뿔 모양의 바위를 만난다. '거멍바위'라고 하고 밑면적이 약 200여 평, 높이가 20m이다. 바위에는 토끼를 태운 거북이 석상이 금방이라도 바다에 뛰어들 기세로 서있다. 옛이야기를 간직한 바닷가를 둘러보는 일은 색다르다. 용왕이 살았던 안궁과 토끼가 살았던 용새골은 논으로 변했고, 단지 별주부센터가 이곳이 별주부마을이었다는 것을 보여준다.

토끼를 잡으러갔을 때는 바닷길이 너무 멀어서 몇 번을 쉬었단다.
며칠이 걸려 도착한 뭍은 눈이 부시도록 빛났지.
이럴 때가 아니야. 토끼를 찾아야 돼, 토끼를.
용새골로 가면 토끼를 만날 수 있다기에 한걸음에 달려갔어.
듣던 대로 토끼는 물건이었지. 허옇고 포동포동한데 성질은 급하기 이를 데 없었어.
빨리 용궁으로 가자고 하기에 파도를 향해 힘껏 뛰어들었단다.
그랬는데, 기침도 하고 코도 풀며 쉬엄쉬엄 헤엄을 쳤지.
가엾은 토끼에게 맛나기로 소문난 해초도 뜯어주었어……

바닷가 할아버지의 이야기를 듣다 보면 할아버지는 어느새 별주부가 되어있다. 나는 토끼가 되어 용궁의 모습을 그려보고 용왕을 만나는 상상도 해본다. 두근두근, 콩닥콩닥하는 이야기하나쯤 아이들에게 들려줄 수 있는 바위가 있다는 것은 소중한 선물이다.

봉골레와 꽃게탕

#07
마검포

동글동글한 조개 한 움큼이면 된다. 조개를 바닷물에 잘 씻은 다음 그릇에 넣고 바닷물에 한 시간 담가두어 해감 한다. 스파게티 국수는 끓는 물에 소금 한 스푼과 올리브유 한 방울을 넣고 삶아낸다. 국수처럼 찬물에 헹구면 쫄깃함이 사라지므로 뜨거운 물에 헹궈야한다. 삶은 국수는 물기를 빼고 올리브유로 살짝 버무려놓는다. 팬에 올리브유를 두르고 저민 마늘로 향을 우려낸 다음 조개를 넣어 같이 볶는다. 이때 화이트 와인을 반 컵 정도 넣어주면 조개 잡냄새도 없어지고 국물이 자작하게 나온다. 건져놓은 국수를 넣고 같이 볶다가 마지막으로 바질이나 파슬리를 넣는다. 약간 짜다고 생각될 때 오히려 면에 간이 배어 더 맛있게 먹을 수 있다. 바닷가에서 먹는 봉골레 스파게티다.
와인을 준비하면서 생각난 요리가 봉골레 스파게티였다. 갯벌에서 갓 잡은 싱싱한 조개로 요리 할 생각이다.

마검포(馬劍浦)는 옛날 어느 장수가 이곳에서 칼을 갈았다는 전설이 있는 곳이다. 원래 바닷물이 빠지면 연육이 되는 섬이었으나 지금은 T자형 제방을 쌓아 육지와 연결되었다. 동쪽으로는 펄 갯벌이 서쪽으로는 모래갯벌이 형성된다고 했는데, 양쪽 제방 너머로 바

닷물이 넘실거리고 있었다. 오늘은 오후 5시나 되어야 물이 빠지기 시작할거라고 했다. 모두 이곳에 올 때는 물때를 알아보고 온다고 한다. 조개를 잡으려면 아침 일찍 오던지 오후 늦게 오던지 해야 했다.

배가 들어오고 항구가 술렁이기 시작했다. 꽃게잡이 배였다. 배에서 올린 꽃게상자는 곧바로 수산물차에 실렸다. 그러자 사람들이 앞 다투어 수산물차로 몰려들었다. 가격 흥정이 끝나면 꽃게장수는 집게발을 조심하며 한 마리씩 양동이에 던져 넣었다. 어찌나 세차게 다리를 놀리는지 양동이를 긁는 소리가 요란하다.
여름 두 달 동안 어부들은 꽃게를 잡지 못했다. 8월 21일자로 금어령이 풀리고 잡은 가을 꽃게는 살이 통통하게 올랐다고 한다. 슬며시 매콤한 꽃게탕이 먹고 싶어졌다. 곧장 항구 식당으로 들어갔다.

꽃게탕 꽃게찜 게국지 대하구이 전어구이 바지락칼국수…. 붉은 글씨로 큼지막하게 쓰인 메뉴들이 벽면을 화려하게 장식하고 있다. 먼저 식사를 하고 있는 다른 테이블을 둘러보고 똑같이 꽃게탕과 전어구이를 주문했다. 가을이면 꼭 맛 보아야하는 음식이다.

석쇠에 알맞게 구워진 전어가 나왔다. 푸르스름한 빛깔이 막 잡아 올린 티가 난다. 전어는 손으로 먹어야 제 맛이 난다. 엄지와 검지를 이용해 몸통 살을 발라 먹었다. 겉은 바삭거리고 속은 부드러운 것이 '집나간 며느리도 돌아온다.'는 속담이 생각나 웃음이 났다. 그리고 꽃게탕이 나왔다. 몇 마리가 들어있는지 모를 만큼 냄비 한 가득이다. 한소끔 끓고 나서 맛을 보자 칼칼하고 얼큰하다. 꽉 찬 속을 발라 한입 먹자 입 안 가득 꽃게향이 퍼지면서 입가에는 저절로 미소가 번진다.

역시 느끼함이 얼큰함을 이길 수는 없나보다. 가져온 와인은 꽃게탕과 함께 즐겼다.

송홧가루 날리면

#08
송화염전

곰섬 이정표를 따라 마검포항으로 가는 염전 길을 하염없이 걸었다. 염전은 커다랗고 네모난 유리판을 깔아 놓은 것처럼 반짝인다. 솔숲으로 둘러싸여 아늑하고, 햇볕 좋아 산뜻하며 바닷바람이 불어와 쾌청해서 소문대로 품질 좋은 소금이 생산될 것 같다.
송화소금은 산림의 90퍼센트가 소나무인 태안에서 만들어지는 소금이다. 송홧가루가 날리는 5월이면 염전에 가득 찬 바닷물 위로 노란 가루가 내려앉는다니 신비스러울 듯하다.

염전하시는 분을 만났다. 해진 옷을 입고 긴 밀대로 염전 바닥에 가라앉은 소금을 밀고 있었다. 나는 조심스럽게 궁금한 몇 가지를 물었다.
"소금이 하얀색이네요. 송화소금은 노랗다던데."
"5월 염전이야 온통 누르스름하쥬. 송홧가루를 코팅해서 만들기도 하지만 지금 나오는 천일염도 좋아요. 좀 비싸도 송화소금이 최고쥬. 워쨌든지 소금맛은 기가 막히니께. 젓갈이나 장을 담가도 김장을 담가도 맛은 보장혀요."
"소금 맛이 그렇게 좋은가요?"
"여서 나는 소금은 덜 짜고 단맛이 나요. 중국산인지 국산인지 구별하는 법 갈쳐줘요?"
국산소금은 뒷맛이 달고 손가락으로 비비면 쉽게 부서지는데 비해 중국산은 쓰고 짠맛이 강하고 입자가 단단하단다. 가을소금 보다는 5,6월 소금이 좋으며, 서늘한데 놓고 간수를 빼면 보슬보슬하게 오랫동안 두고 먹을 수 있다고 일러준다. 한두 가지 물었을 뿐인데 아저씨의 대답은 무궁무진하다. 인터넷에서 떠도는 정보에 비하면 훨씬 생생하게 와 닿았다.
아저씨는 시식용 송화소금 한 움큼을 내 손바닥에 올려주며 말한다.
"소금 맛이 좋아야 건강한 음식을 만들 수 있쥬."
허투루 넘길 수 없는 말이다.

송화소금은 보통의 천일염과 비교했을 때 빛깔에서 확연한 차이가 난다. 비교해 먹어보고 싶다. 소금을 보며 군침이 돌기는 처음이었다. 몇 톨 입안에 넣자 사르르 녹는다. 짠 듯 안 짠 듯 적당한 짠맛에 솔향이 느껴지는 달달한 뒷맛이 담백하다. 소금 맛에 이러한 풍미가 있다면 음식에 넣었을 때 그 맛을 충분히 살릴 수 있을 것 같다.

염전은 크게 저수지, 증발지, 결정지 세 부분으로 나눠진다. 저수지에서 바닷물을 끌어다가 증발지에서 염도를 높인 후 마지막 결정지에서 소금을 얻기까지 20여일 걸린다. 해가 질 무렵이면 염전 결정지 수면에 올록볼록한 요철모양의 '소금꽃'이 퍼지기 시작하는데, 이것은 소금이 결정된다는 신호이며 이때 비로소 소금을 걷을 수 있다. 소금꽃이 피면 염부들은 널찍한 밀대인 대파로 소금을 모아 손수레에 실어 창고에 쌓는다.

허름한 소금창고에는 소금가마가 차곡차곡 쌓여 있다. 어느 여행지에 실린 사진처럼 쓸쓸한 풍경이다. 손때 묻은 대파가, 손수레가, 창고가 해지고 낡아서였을까.

서쪽 바다로 해가 저물자 불그스름한 염전에 하얀 소금꽃이 피어났다. 5월에 피는 솔향기 가득한 소금꽃을 보고 싶다. 1년에 보름 동안만 얻을 수 있는 귀한 소금이란다.

바람도 쉬고 햇살도 쉬고

#09
드르니항

드르니항에는 차로 몇 분이면 건널 수 있는 거리를 걸어서 건너야 하는 다리가 있다. 남면 드르니항과 안면도 백사장항을 연결하는 '대하랑꽃게랑 다리'이다. 여행자에게 30분이라는 시간은 소중하다. 매력적이지 않으면 짧은 시간도 투자하고 싶지 않다. 어떤 곳에서는 대충 둘러보고 지나치기도 한다.
드르니항에서 하루를 보냈다. 어느 곳이든 낮과 밤의 풍경이 다르기 마련인데, 이곳의 낮과 밤은 서로 다른 매력을 가지고 있다.
맞은편 안면도에서 배를 타고 사람들이 들어온다. 예전에는 '들온이'라 불렀을 만큼 많은 배들이 들어왔다고 한다. 시간이 흐르며 '드르니'로 부르게 되었고, 맞은편 백사장항에 밀려 다소 한적해진 항구에는 갈매기가 느릿느릿 바다 위를 난다.

시간이 느리게 흘러갔으면 싶을 때나 유유자적 한가하게 사색하고 싶을 때 드르니항의 다리를 건너보라. 바람과 햇살이 머문 다리 위에서 바다를 바라보면 시간이 멈춘 듯하다. 망망대해. 바다는 리듬을 타며 출렁이고 햇살은 단순한 바다색에 오묘한 빛깔을 뿌린다. 화려하고 빛나는 것들만 좋은 줄 알았다. 명랑하고 쾌활해야 제대로 된 여행이라고 생각했다. 한적한 듯 조금은 쓸쓸한 분위기가 여행자를 차분하게 만든다. 백사장항을 향해 걸으며 여유로운 상념에 빠진다.

나는 인연에 대해 생각한다. 여행을 하면서 가장 기억에 남는 것은 아름다운 풍경도 아니었고 화려한 볼거리나 진수성찬의 먹거리도 아니었다. 사람과의 인연이었다. 낯선 곳에서 만난 사람과 친구가 될 수 있다는 것만으로도 여행은 행복하다. 현지인이든 외지인이든 스스럼없이 이야기를 나누고 정보를 교환하는 사이 공통의 추억을 갖는다. 여행지를 떠나면 다시 만날 수 없더라도 친구로 남는다. 마음의 앨범에 간직하는 친구로.

밤의 드르니항은 로맨틱하다. 은은한 달빛 아래 네온사인으로 장식한 '대하랑꽃게랑 다리'가 화려한 밤을 연출한다. 떠들썩한 분위기가 사람의 기분까지 들뜨게 한다. 드르니항에서 저녁을 먹고 백사장항으로 건너가 차를 마셔야겠다. 시시각각 변하는 조명을 받으며 바다 위를 건너는 기분은 어떨까. 사색의 길이던 다리는 흥분과 설렘의 길이 되었다. 몸은 빨간색 망토를 입었다가 초록색 슈렉이 되었다가 파랑색 갈매기가 되었다 한다. 다리 위에서 벌어지는 연극의 주인공이 된 기분이다. 백사장항으로 다가갈수록 현란한 간판들과 조명으로 눈이 부시다. 안면도에는 어떤 이야기들이 숨어있을까. 백사장항으로의 여행이 기다려진다.

안면도는 원래 섬이 아니었다.
옛날에 아래 지방에서 징수한 곡물을 한양으로
운반하던 세곡선들은 태안의 안흥항을 거쳤다.
이곳은 암초가 많고 날씨가 좋지 않을 때가 많아
이를 피해 쉬어가는 장소가 필요했다.

제 5 구간

노을길

시작이라는 그 역동적인 설렘

#01
백사장항

백사장항은 안면도의 첫 항구다. 태안읍과 안면도를 잇는 안면대교를 지나 첫 번째 삼거리에서 오른 쪽으로 접어들면 백사장항이다. 200여 척의 어선들이 출항하여 꽃게와 대하 등을 잡는다. 이곳 가을 대하는 전국 어획량의 대부분을 차지하며 단백질과 칼슘이 풍부하기로 유명하다. 10월에서 11월 초에는 대하 축제가 열린다.

휴가가 절정인 8월 초, 백사장으로 가는 버스는 한산했다. 태풍 할롱의 영향 때문이기도 하겠지만 버스를 이용하는 여행객 수가 예전 같지 않은 까닭이다. 자가용이 보편화 되면서 여행이 편리해지긴 했어도 차를 타고 지나쳤다면 보지 못했을 여행지의 즐거움을 느끼기엔 버스나 기차만큼 좋은 것도 없다. 예기치 못한 사람들과 만나 인연을 만들기도 하고, 무작정 걷다가 우연히 마주친 골목에서 오래된 기억과 마주할 수도 있다. 한 번쯤 가벼운 차림으로 터미널로 향하자.

버스승객은 모두 네 명뿐이었다. 버스가 출발하고 얼마 안 있어 파란색 보따리를 든 할머니가 큰 소리로 말한다.
"기사 양반, 딴뚝에서 좀 내려줘유."
"할머니, 이 차는 딴뚝에 안 서유."
"왜유? 다 내려주든디….
"안 된다구유."
버스기사는 단호하게 대답하고 입을 다물어 버린다. 버스기사와 할머니 사이가 심상치 않자 사람들이 고개를 돌려가며 버스기사와 할머니를 번갈아 쳐다본다. 할머니의 다음 행동이 궁금하다.
"그랴도 내려줘유."
할머니는 버스기사 얼굴을 보지 않고 짐짓 창밖으로 시선을 돌린다. 카랑카랑한 목소리로 봐서 물러 설 기색이 없어 보인다.
둘 사이에 한동안 침묵이 흐르고 승객들은 둘에게서 눈을 떼지 못한다.
모퉁이를 한 번 돌아 나무백일홍이 활짝 핀 길에 접어들자 버스기사가 먼저 슬며시 말을 건다.

"할머니, 담부턴 안 내려 드릴거유."
할머니는 그제서야 보따리를 차 바닥에 내려놓고, 할머니를 이기지 못한 버스기사는 비 내리는 호젓한 길에서 서둘지 않는다. 버스 안의 사람들도 빙긋이 웃으며 창밖 풍경으로 눈을 돌렸다.
시골에 사는 친구 어머니는 시내버스 기사에게 오천 원을 맡겨두고 읍내를 다니신다. 그러면 기사는 어머니가 버스를 타시는 날 요금을 계산하고는 얼마가 남았다고 알려준다. 어르신이 요금을 내느라 흔들리는 버스에서 주머니를 뒤지는 일이 없도록, 불편하지 않도록 마음 쓰는 그 운전기사가 생각났다.
딴뚝이라는 마을에도 그런 할머니 한 분쯤 사시지 않을까. 그리고 지금 이 기사는 또 그런 버스기사가 아닐까. 슬쩍 웃으며 창문을 열고 밖으로 손을 내밀었다. 가느다란 비가 바람을 타고 와 손바닥을 간질이고 잔뜩 물오른 나무들은 싱싱한 향기를 뿜으며 다가왔다.
반드시 정류소에만 서야하고 타기 전에 잔돈을 준비해야 하는 규정이 이곳에서는 의미 없는 약속이다. 법칙서 보다 사람을 위에 두고 있는 곳, 안면도다.
백사장항 정류소에 내리자 마침 빗줄기가 잦아들고 있었다.

시간을 잘 맞춘다면 백사장항 수협공판장에서 열리는 수산물 경매를 볼 수 있다. 공판장 안으로 들어서면 상점마다 수북하게 담긴 대하며 꽃게, 반짝이는 활어들이 발길을 붙잡아 쉽게 발을 돌려 나오기는 어렵다.
팔뚝만한 광어가 놓인 좌판 앞에 쪼그리고 앉았다. 핏기가 아직 남은 채로 반질반질 윤이 나는 걸로 봐서 금방 잡혀 온 듯했다. 요

녀석 정도면 우리 다섯 식구 회를 실컷 먹고도 매운탕에 밥 두 공기쯤은 거뜬하겠군. 게다가 자연산이라잖아. 슬쩍 욕심이 났다. 갈 길이 멀지 않다면 지금 막 바다에서 잡아 올린 저 대하랑 꽃게도 함께 할 수 있을 텐데…. 입안에 도는 군침을 겨우 삭이고 나와 백사장해변으로 향했다.

너를 위하여

#02
백사장해변~삼봉전망대

백사장 해양 파출소 옆에는 버스를 개조해 만든 빨간 카페가 있다. 창문은 커다랗고, 군데군데 검은색으로 포인트를 준 모습이 여간 멋스러운 게 아니다. 푸른 하늘과 흰 구름으로 가득한 이곳에 가장 어울리는 색을 찾다가 빨강을 생각해 냈겠지. 길 떠난 여행자에게 용기를 주고 싶어서, 지루한 일상에서 벗어나 의욕을 불어넣어 주고 싶어서 만든 빨간 카페. 주인은 색채 심리학을 공부했을지도 몰라. 그 마음씀씀이가 원두 향에 실려 건너편 드르니항에 까지 닿을 것만 같다.

바닷물이 밀려난 자리에 군데군데 고랑이 깊게 파여 있다. '갯골'은 바닷물이 들어왔다가 나가면서 모래에 남긴 자국이다. 구불구불 작은 모래 계곡이 근사하게 보이지만 마치 늪과 같아서 한번 빠지면 나오기 힘든 곳이다. 이곳에 들어갔다가 갑자기 파도가 밀려오면 당황하여 빠져 나오지 못하는 사고가 종종 있다고 한다.
위험한 지형이긴 하지만 아무런 예고도 없이 사람을 해치지는 않는다. 썰물 때가 되면 갯벌은 자신을 훤히 드러내 보인다. 어디쯤에 갯골이 있고 깊이는 어느 정도인지 속속들이 보여준다. 자연이 베푸는 자비의 한 모습인데 사람이 둔하여 그들의 세심한 배려와 경고를 허투루 볼 뿐이다.

백사장해변으로 가는 숲길에서 국립공원 관리공단 직원 두 분을 만났다. 길가의 풀이 여행길에 방해가 되지 않을까 하여 제초작업이 한창이었다. 한차례 베고 지나가 뒤돌아보면 다시 무릎만큼 자란다는 한여름 풀베기에 지칠 법도한데 먼저 반갑게 인사를 건네신다. 볕에 그을린 이마 위로 땀방울이 흘러내린다.

우리는 풀섶에 앉아 시원한 물을 나눠 마셨다. 노을길을 걷다가 어디쯤에서 쉬어야 하는지, 놓치지 말고 봐야 할 것은 무엇인지…, 자상하게 설명해 주시는 것을 꼼꼼하게 받아 적었다. 해변길 조성에 직접 참여하고 관리하는 분들이 들려주는 살아있는 정보였다. 그것은 자신들이 서 있는 지역에 대한 애정이고 타지인을 향한 세심한 배려이기도 했다.

배려는 숲속에도 있었다.

안면도 숲길에는 '비오톱'을 두어 야생동물들의 서식지를 마련해 두었다. 비오톱^{Biotope}이란 그리스어로 생명을 의미하는 '비오스^{bios}'와 땅 또는 영역이라는 의미의 '토포스^{topos}'가 결합된 용어다. 자연을 개발하는 과정에서 개체 수가 줄어드는 야생동물을 보호하고자 만든 보금자리다. 최소한의 자연 생태계를 유지할 수 있는 동물 서식지의 공간적 경계라고 할 수 있다. 이곳 비오톱은 태풍 피해목을 이용하여 만든 원뿔형과 적재형 두 종류다. 본래 야생동물이 살던 곳을 사용하는 인간이 그들에게 보여주는 작은 배려인 셈이다. 주객이 전도 돼버렸지만 자연과 인간이 함께 살고자 하는 노력일 수도 있겠다.

안면도 해변길에는 타인을 향한 깊고 오랜 생각이 가득하다.

눈물이 아지랑이 되어

#03
삼봉

삼봉전망대에 올라 바다를 욕심껏 안았다. 소금기 머금은 바람이 온 몸을 휘감고 삼봉을 향해 달려간다.
키 순서대로 나란히 바다를 향해 있는 세 개의 봉우리 삼봉. 구두쇠 아버지를 원망하다가 병들어 죽은 세 자매가 봉우리가 되었다지. 돈만 알던 아버지는 욕심 때문에 어머니를 잃고 병든 세 자매마저 외면했다. 세 자매 봉우리는 서로 떨어질 수 없어 손을 잡은 채 바다를 바라보고 있다. 그들을 지키려는 어머니는 바위산이 되어 삼봉 앞에 서있고 어머니와 세 자매를 죽게 만든 아버지는 용이 데리고 하늘로 가버렸다. 용이 나온 자리에 커다랗게 구멍이 뚫리고 사람들은 그곳을 '용난구멍'이라 부른다.

구멍 속으로 바닷물이 흐른다. 바람이 드나든다.
이들에게는 또 다른 슬픈 사연이 있다. 삼봉을 북쪽에서 남으로 바라보면 봉우리가 네 개고, 남에서 북으로 보면 봉우리는 세 개가 된단다. 이름 없는 한 개의 봉우리가 흘린 눈물이 아지랑이가 되어 이곳에는 밤낮으로 안개가 자욱하다고 한다.
사람들은 그저 이름을 갖지 못한 봉우리가 흘리는 서러운 눈물이라 말한다.

사람들은 눈치채지 못했다.
 아지랑이가 아버지의 후회의 눈물이라는 것을.

…네가 눈물을 흘리면 맑은 바람이 되어 너의 눈물을 씻어주고,
네가 삶에 지쳐 쓰러지면 네 등을 쓰다듬는 따스한 바람이 되어줄게.
그리고 너를 보살피는 엄마의 힘겨운 걸음걸음마다 아빠는 늘 함께 할 거야.
아가야, 아빠는 별빛으로 바람으로 때로는 따스한 햇살로
영원히 너와 함께 있을 거야. 아가야, 안녕.

– 이철환 〈연탄길〉 중에서

삼봉해변은 조개껍질로 덮여있다. 희고 얇은 껍질이 설핏 눈이 내린 것 같다. 먼 바다에 점처럼 떠 있는 섬들이 보이고 섬 사이로 물이 들어오고 있다. 바닷물이 들어와 잠기기 전에 걸어봐야겠다. 고개를 숙이고 한 발을 조심스레 내딛었다. 뽀드득.
다른 쪽 발을 다시 디뎠다. 뽀드득.
뽀드득 뽀드득.
조개껍질이 부서지며 눈 밟는 소리가 난다. 눈 밟는 소리, 바람 소리, 물 소리…, 상처를 보듬어 주는 소리다. 세 자매에게 위로가 될까 싶어 발에 힘을 주며 걸었다.

내면의 소음을 줄이는 일

#04
사색의 길

숲길로 들어서니 어느새 바람이 따라 들어와 먼저 길을 내준다. 바람은 솔향기를 떨구고 바람소리를 남기며 지나간다. 바.람.소.리.

장자는 말했다. 바람에는 바람소리가 없고, 바람과 마주하는 사물에도 본래 소리는 없다. 단지 바람과 사물의 우연한 마주침으로 인해 비로소 바람소리가 나는 것이다. 세상 모든 소리는 마주침으로써 생긴다. 마주침 없이 발생한 소리는 진정한 소리가 아니다. 타자와 마주쳤을 때 완전한 소리를 내려면 우리는 마음을 비워야 한다. 내면의 소음을 제거해야 한다.

손바닥도 마주쳐야 소리가 난다고 했다. 그 어느 것도 혼자서는 소리를 낼 수 없으니 서로 힘을 합쳐야 한다는 뜻이다. 마주치는 지점과 시점이 정확하게 맞았을 때 최상의 소리가 난다. 사람이 사람을 만나 아름다운 소리를 만들어 내기 위해 장자가 제안한 것은 욕심을 버리는 일이다.

얼마나 비워내야 저 곰솔림과, 찬란한 햇빛과 교감하는 소리를 낼

수 있으려나. 안면도는 곰솔림이 유명하다지. 역시 잘 생겼다. 늘씬하고 꼿꼿한 자태도 일품이지만 바람과 마주하여 이렇게 맑은 소리를 낼 수 있는 그 속내는 분명 남다르리라.

양옆으로 길게 곰솔림이 터널을 만들고 그 옆으로는 바다가 나란히 놓였다. 더 이상 멀어지지도 가까워지지도 않는 딱 알맞은 거리에서 이들은 서로를 바라본다. 바람과 우연히 마주쳤을 때 가장 아름다운 소리를 내기 위하여 스스로를 비워내면서, 그러느라 고단한 서로를 토닥이면서.

마주쳐서 나는 소리는 위로의 울림이다. 그래서 바다를 지나는 바람소리는 아름답고 곰솔림을 통과하는 바람은 상쾌하다. 나는 내면의 시끄러움을 조금씩 비우며 곰솔림 안으로 들어간다. 바다와 햇빛과 그리고 바람을 마주할 준비를 하면서.

이곳은 삼봉 사색의 길이다.

지킴으로써 얻어지는 것들

#05
기지포 해안사구

통보리사초, 갯그령, 갯메꽃, 갯완두, 순비기나무 등은 해안사구 지역에만 서식하는 희귀식물이다. 많은 뿌리가 땅속으로 넓게 뻗어나간다. 줄기에 털이 있고 잎은 코팅되어 있어 염분에 잘 견디며 수분이 마르는 것을 막아준다. 특히 모래포집 능력이 뛰어나 파도나 바람으로부터 모래의 유실을 막아 사구를 보호하는 기특한 녀석들이다.

해안사구를 빼고 태안을 제대로 설명할 수 있을까. 태안 해변은 온통 크고 작은 사구로 형성되어 있다. 해안사구는 인간에게 유리한 기능을 한다. 태풍이나 해일 등의 자연재해로부터 해안을 보호하고, 지하수를 정수하여 오염을 방지해준다. 특히 해안사구가 중요한 이유는 생태학적 측면에서 큰 의미를 갖기 때문이다. 사구가 형성된 지역에서만 자생하는 동식물에게 해안사구는 목숨과도 같은 곳이다. 사구가 없어지면 이들의 생태도 파괴된다. 사구는 이들의 보금자리가 되고 이들은 다시 사구를 보호하는 역할을 한다. 공생이다.

무분별한 모래 채취나 개발로 인하여 점점 줄어드는 해안사구를 보호하려는 노력이 해변길 곳곳에 가득하다. 기지포 해변에는 대나무를 W형태로 엮어 만든 모래포집기가 해안을 따라 길게 놓여 있고, 낮은 나무데크로 관찰로를 만들어 사구와 사구 식물을 훼손시키지 않고도 볼 수 있도록 했다. 국립공원 중에서 유일한 해안사구 자연관찰로이다.

키 작은 순비기나무가 모래땅에 넓게 자라고 있다. 바닥에 앉아 올망졸망한 자줏빛 작은 꽃잎들을 들여다본다. 사구가 있어야 볼 수 있는 귀한 것들이다. 손바닥을 펴서 꽃무리를 쓸어보았다. 손끝에 닿는 잎이 도톰하고 보드랍다. 몸 전체에서 진한 향기가 나는 순비기나무는 향수나 목욕제 등으로 쓰인다고 한다. 여러 번 잎을 비비고난 손가락을 코에 대고 냄새를 맡았다. 달콤한 향이 어릴 적 종합과자 선물세트를 열었을 때 나던 황홀한 냄새 같다. 여행 중에 생각지 못한 근사한 선물. 저 작은 몸 어느 곳에 이토록 진하고 깊은 향기를 품고 있었을까.

어떤 향은 특별한 기억을 떠오르게 해서 아픈 몸과 마음을 치유하기도 한다. 순비기나무에 코를 박고 깊은 숨을 쉬었다. 이 향이 온몸으로 번져서 나도 알지 못하는 내 안의 부정 에너지를 순화시켜 주길 바랐다.

영화 〈마담 푸르스트의 비밀정원〉에서 폴은 허브 향을 맡으면 과거 기억 속으로 다녀올 수 있었다. 어릴 적 부모를 잃은 폴에게 과거는 상처투성이다. 말을 하지 않음으로써 아픔을 외면하고 살던 어느 날 허브 향을 맡고 과거로 돌아가 상처와 마주한다. 아픔이라고 여겼던 기억이 사실은 부모와의 아름다운 추억이기도 하다는 것을 알게 된다. 허브 향은 폴이 과거의 아픔을 이겨낼 수 있도록 도와주었다.

나는 폴처럼 어린 시절로 여행 하듯이 순비기나무 향에 젖어 오래도록 앉아 있었다.

지나 온 길과 가야 할 길

#06
두여전망대

어디 쯤 왔을까. 뒤돌아보고 싶을 때가 있다. 삶이 고단할수록, 발걸음이 무거울수록 과거를 기웃거리게 된다. 그 시절이 정말 행복했냐고 묻는다면 자신 있게 답할 수는 없다. 그저 그 때를 서성거리는 것만으로도 위안이 되며 앞으로 나아갈 힘을 얻을 수 있다는 것뿐.

여행 안내서에 제시된 예상 소요시간이 다 지났는데 나는 아직도 길 위에 있다. 하지만 정해둔 시간이 없으니 서둘 일도 없다. 한껏 게으르게 걷다가 어느 숲 언저리나 바닷가에서 그저 앉아 있을 뿐. 다시 숲길로 들어섰다. 방금 깎았는지 깊 옆에 쌓아둔 풀에서 생풀냄새가 난다. 나뭇잎 사이로 햇빛이 출렁이며 내려앉는다. 파도소리도 들리고 바다냄새도 나는데 정작 바다는 숲 뒤로 숨어 보이지 않는다.
가파른 길을 천천히 걸었다. 마침 쉬고 싶다고 생각했을 때 바다가 확 펼쳐졌다.

두여전망대. 지형이 아름답고 나무가 우거져 도인들이 도를 닦던 마을이라 하여 '도여'라 불렸다는 곳이다. 나무 계단을 내려서면 반원형의 전망대가 있고 다시 몇 계단을 더 내려가면 좀 더 바다

쪽으로 돌출된 전망대에 설 수 있다. 두 팔을 벌리고 바다를 지나온 바람에게 몸을 맡겼다. 발밑으로는 반들반들한 바위가 물결 모양으로 길게 누워있다. 대규모 지각 변동으로 지층이 구부러져 특이한 형태의 습곡이 만들어진 것이다. 검은색으로 빛나는 모양이 마치 작은 규모의 주상절리 같기도 하고 사진으로만 봤던 그랜드캐년이 떠오르기도 했다.

두여전망대에 서면 내가 걸어 온 길과 걸어가야 할 길이 한눈에 들어온다. 신기하고 고마운 일이다. 내가 지나온 길을 돌아 볼 기회가 있다는 것은 앞으로 가야할 길의 방향을 잡을 수 있다는 의미 아니겠는가.

어떤 길을 걸었는지 고개를 돌려 바라보았다. 멀리서부터 곡선 하나가 숲 가장자리를 감고 지나와 다시 바다와 뭍을 나누기를 반복하며 내가 서 있는 곳까지 이어져 있다.

오스트리아 건축가 훈데르트바서는 "자연에는 직선이 없으며, 인간은 이 땅의 모든 생명체와 더불어 자연스럽게 살아가야 한다."고 말했다.

곡선은 막무가내로 직진하지 않는다. 가다가 마주치는 것에 정면 도전하지 않고 에둘러 다시 길을 내어 흘러간다. 그래서 부드럽다. 붓으로 그려낸 듯 아름다운 곡선을 따라 내가 여기까지 왔구나. 저 길을 걸을 때 나도 그냥 곡선의 한 부분이 되어 그만큼 부드러워졌겠다.

아직 남아 있는 길도 숲 모퉁이를 돌고 바다를 품으며 구불구불 계속되고 있다. 다시 저 위에 서서 앞으로 나아갈 생각을 하며 가볍게 발걸음을 옮긴다.

남은 시간 마중하기

#07
두에기해변

두에기. 순 우리말 같은 다정한 이름이다. 지명에 관한 유래가 궁금해서 여러 사람에게 묻기도 하고 책도 뒤적였다. 옛날에 숯을 굽던 터였지만 지명에 관한 기록은 없다고 한다. 아쉽다. 사람이든 사물이든 세상에 왔다 간 흔적을 아무도 기억해 주지 않는다는 것은 슬픈 일이다. 과거를 모른 채 상대방을 완전히 이해하기란 쉽지 않다. 세계사나 한 나라의 역사는 말할 것도 없겠지만 개인에게 있어서도 기록이란 중요한 일이다. 그래서 우리는 일기를 쓰고 자서전을 남긴다.

유서를 미리 쓰는 사람들이 있다. 지나온 삶을 돌아보고 사랑하는 사람들에게 하지 못했던 말을 남기는 일은 숙연하고 경건하다. 유서는 개인의 기록이고 삶을 정갈하게 마무리하는 일이고 사랑하는 사람에 대한 예의다. 바쁜 일이 마무리 되면 해봐야지 마음먹고 흘려보낸 시간이 십여 년이 되었다.

두에기해변은 찾는 사람이 많지 않다. 고요한 해변에 서니 미뤄두었던 일들이 떠오른다.

무심하게 떠 있는 구름과 바다 위를 너울거리는 햇빛을 마주하고 잠시 멈추어 서서 시간을 붙잡아 둔다. 평평한 바위도 좋고 고운 모래 위여도 좋겠다. 노트를 꺼내 형식 없는 긴 글을 쓰고 사랑하는 사람들을 하나씩 기억해 낸다. 그들에게 미처 하지 못했던 말들을 쓴다.

'사랑했어요. 고마웠어요. 그리고 미안했어요…….'

제대로 해주지 못했던 쉬운 말들.

인생이 결국 떠나보내는 것이라면 아무런 작별 인사도 없이 어느 날 갑자기 죽음을 맞을 수는 없다. 그것은 허망하고 슬픈 일이 될 테니까.

오랜 시간이 필요할지 모른다. 두에기해변에 작은 집 하나 짓고 살고 싶다. 하늘과 바다가 만나는 캄캄한 밤이 오면 별빛에 의지하고, 숲 너머로 사라진 바람이 다시 불어오기를 기다리며 열흘쯤 이곳에 머물고 싶다. 고요한 평화로움에 젖어 내게 남은 인생을 마중하는 일, 유서를 쓴다. 그럴 땐 가장 아름다운 의식을 치르듯 성장盛粧을 하고 해변에 앉으리라.

풍요로운 젓개

#08
방포

호수 형태의 포구로 이루어진 방포항에는 소형 선박이 드나든다. 어선들이 우럭, 실치, 농어, 놀래미를 가득 싣고 들어오고 바다낚시꾼들이 즐겨 찾는 곳이다. 산에 절이 있었다 해서 절개(寺浦)라고 불리다가 후에 젓개, 젖개, 곁개로 변형되면서 곁 방(傍)자를 써서 현재 방포로 불리게 되었다.

방포를 대표하는 것으로 천연기념물 제138호인 모감주나무 군락지가 있다. 모감주나무 열매는 꽈리처럼 생겼는데 염주를 만드는 데 쓰인다고 해서 보리수라 불리는 나무다. 주로 바닷가에 자생하며 6~7월에 황금색으로 무리지어 꽃을 피운다.

이곳 모감주나무는 중국 산동반도에서 종자가 떠 내려와 자연 발아된 것이라 하는데 현재 400여 그루가 바다를 접하고 우거져 있다. 길이만 해도 120m에 달하는 넓은 면적에 집단으로 군락을 이루고 있어 학술적 자료 가치가 높다고 한다. 보호 울타리를 쳐 놓고 나무 하나하나에 번호표를 매겨 둔 모양이 귀한 대접을 받고 있다는 생각에 마음이 놓인다.

모감주나무 군락 맞은편에는 '태안 시범 바다목장 체험관'이 있다. 태안군은 인근 바다에 인공어초를 설치하고 지역특종 어종인 넙치, 조피볼락 등의 종묘를 방류하여 바다목장을 조성했다. 바다목장 체험관은 그 사업의 한 부분으로서 지역 경제를 활성화 하고자 만들어졌다.

체험관은 총 3층으로 되어있다. 어촌체험장이 있는 1층을 지나 2층 전시관으로 들어서면 바다 속으로 걸어 들어가는 듯한 환상에 빠진다. 한 발씩 내디딜 때마다 색색의 조명이 바닷물처럼 일렁인다. 벽면 가득 헤엄치는 물고기 떼, 군데군데 앙증맞은 바다생물들, 바지락 캐는 할머니와 물질하는 해녀들…. 이들은 누가 손짓이라도 하면 마법에서 풀려나듯이 금방이라도 그림 속에서 뛰쳐 나올 것만 같다. 아름답고 신비로운 이곳은 동화 속 어느 바다마을이다. 아주 특별한 바다 여행을 마치고 3층으로 올라가면 안면도 바다와 섬들을 한눈에 담을 수 있는 전망대가 있다.

방포에는 또 하나의 천연 보물이 있다. 방포항에서 남서쪽으로 약 10km 떨어진 무인도 내파수도 동쪽 해안에 200m길이의 방파제가 있는데, 자갈이 모여 형성된 자연제방으로 천연기념물 제511호 태안 내파수도 해안지형이다.

사취(沙嘴)라고 불리는 이 지형은 모래를 운반하는 바닷물이 만으로 들어갈 때 유속이 느려지면서 만 입구에 모래나 자갈을 쌓으면서 생긴다. 특히 내파수도의 사취는 수천 년에 걸쳐 형성되었고 느린 속도로 계속 자란다고 한다. 자갈이 둥글고 크기가 일정한 희귀성이 있으며 밀물 때는 잠겼다가 썰물 때 모습을 드러내는 신비로운 곳으로 2009년에 천연기념물로 지정되었다.

하늘에서 내려다보면 내파수도에서 길고 부드러운 꼬리가 나와 바닷속에 담고 있는 모습이다.

오랜 옛날 안 씨 성을 가진 사람이 내파수도에 살고 있었단다. 내파수도를 지키던 그는 "내가 죽은 후에 시신을 세워서 묻어 달라."는 유언을 남기고 세상을 떠났다. 내파수도가 사람들의 손을 타 훼손되는 것을 염려했던 그는 죽어서도 눕지 않고 서서 내파수도를 지키고자 했다. 안 씨의 간절한 염원 때문일까. 내파수도는 여전히 천혜의 아름다움을 간직한 채 안면도 앞 바다에 의연하게 떠있다.

방포에는 먹을거리, 볼거리가 천지다.
바다로 창을 낸 횟집 두어 군데를 지나면 꽃다리가 나온다. 방포와 꽃지를 연결하는 인도교로 안면도 꽃박람회를 기념하기 위하여 2001년에 세워졌다. 파란 하늘 아래 꽃처럼 붉은색 아취형 꽃다리를 지나면 노을길 마지막 구간인 꽃지해변에 이른다.

사랑의 해변

#09
꽃지

꽃지는 달뜬 청춘이며
농염하게 익은 장년이며,
원숙하게 저물어 가는 노년이기도 하다.
그래서 우리는 모두 꽃지로 간다.

오래전 지천으로 꽃이 피고 지던 곳이라 꽃지라 불렸다. 이제는 태안을 넘어 서해의 명물이 된 할미할아비바위와 낙조가, 화려한 꽃밭을 대신하여 여행객을 불러 모은다. 태안에서 꽃지만큼 화려한 곳은 없다. 사계절 내내 사람 발길이 끊이지 않으며 그들은 서로 다른 얼굴로 꽃지를 찾는다.
빨갛고 파란 양동이를 들고 아이들을 앞세워 조개잡이 나온 가족, 손을 꼭 잡은 채 맨발로 해변을 따라 걷는 연인, 밀려나는 바닷물 속으로 첨벙거리며 뛰어가는 청춘들, 그리고 서로 어깨를 맞대고 앉아 붉게 물들어 가는 하늘을 바라보는 노부부….

꽃지 앞바다엔 명승 제69호 할미할아비바위가 있다. 신라 장보고의 부하였던 승언 장군과 그의 부인 미도에 관한 전설이 전해오는 곳이다.

애절한 부부의 사랑이 아파서
꽃지의 노을은 그렇게 붉고 붉은가 보다.

부부는 푸른 바다를 마당으로 삼아 바닷가 작은 집에서 살았다. 그림 같은 날들이었다. 맛있는 물고기를 잡아 서로의 숟가락에 얹어주었으며 손을 잡고 노을이 지는 해변을 걸었다. 둘의 사랑은 지극하고 애틋했다.

어느 날 승언 장군은 장보고의 부름을 받고 전쟁터로 향했다. 승언은 곧 돌아오겠다는 약속을 남기고 떠났고 미도 부인은 날마다 바닷가에 나가 남편을 기다렸다. 해가 뜨고 별이 지는 아득한 세월이 지났다. 승언은 끝내 돌아오지 않고 미도 부인은 바다를 바라보며 선 채로 바위가 되었다. 사람들은 이 바위를 할미바위라 불렀다.

다시 세월이 갔다. 어느 밤 비바람이 몰아치고 천둥이 온 바다를 향해 내리꽂자 바다는 몸부림치며 울었다. 얼마나 시간이 갔을까. 맑은 하늘에 아침 햇살이 고요하게 번지자 할미바위 옆에 큰 바위가 모습을 드러냈다. 미도 부인에게 돌아온 승언 장군, 할아비바위였다. 너무 가까워 서로를 바라볼 수 없는 거리도 아닌, 너무 멀어 가슴을 태우는 거리도 아닌 만큼 서서 두 바위는 서로를 보듬고 있다.

꽃지 바다에 물이 밀려나면 두 바위를 이어주고 싶은 사람들은 바위 사이에 길을 내며 걷는다. 사람들이 모두 돌아가고 바닷물이 차오르면 바위는 소리 없는 눈물을 흘린다.

딴뚝에서 하룻밤

#10
딴뚝마을

꽃지를 떠나는 마지막 버스를 놓쳤다.
보랏빛으로 짙어가는 하늘과 수평선 너머로 빨려들 듯 타들어 가는 구름, 그리고 검붉은 빛으로 일렁이는 바다를 뒤로 하고 이곳을 떠날 수는 없었다. 몇 번인가 사진기를 꺼냈다가 다시 넣었다.

서툰 솜씨로 꽃지의 노을을 담아 낼 수는 없다. 함부로 표현할 수 없는 아름다움이었다. 꽃다리 위에 다리를 뻗고 앉아 시간이 흐르도록 두었다. 하나의 풍경이 되어 저 속으로 스며들 것처럼.
푸른 공기가 바닷가를 떠다니고 있었다. 바람에게서 짠 냄새가 났으며 허기가 졌다. 딴뚝마을로 가야겠다. 따뜻한 물에 발을 담그고, 고구마를 먹으며 안면도 속 마을을 기웃거려야겠다.

딴뚝마을 이장님은 목소리가 크다. 바닷가 사람들의 사는 모습이 궁금해 이장님을 찾았을 때 그는 큰 손을 들어 큰 목소리로 반갑게 인사했다. 마을회관에는 십 여 대의 컴퓨터가 놓여있고 주민들의 손길이 많이 간 듯 정갈했다. 홈페이지를 운영하여 마을 홍보도 하고 어르신들을 대상으로 무료 컴퓨터 강좌도 연다고 한다. 차를 마시며 안면도 이야기를 들려주던 그의 눈빛은 선하고 친근했다. 하룻밤 머물 집을 알아봐 달라고 하자 선뜻 부녀회장님 댁을 소개해 주었다.

태안에서 태어나 옆 마을로 시집온 지 사십 년이 넘었다는 부녀회장님은 농사를 지으며 작은 펜션도 운영하고 있다. 여름휴가 철엔 외지 사람과 인연 맺는 일이 즐겁고, 꽃게 철이면 부천에 사는 며느리에게 꽃게를 보내며, 딸이 좋아하는 옥수수 농사도 거르지 않는다. 널찍한 앞마당에서 연밥을 널어 가며 연신 이야기꽃을 피우는 그녀는 부녀회장 일만 해도 어느새 6년째라고 한다. 매년 근처 조개산에서 해님이 해돋이 축제가 열릴 때면 200인 분의 떡국을 해서 손님을 접대하는 일에 앞장서는 사람도 바로 그녀다.
마을 자랑에 이어 손주 자랑까지, 오랜만에 친정에 온 딸에게 들려주듯 부녀회장님 이야기는 밤늦도록 이어진다. 활짝 열어 둔 창문 밖으로 웃음소리가 퍼져 별까지 닿을 것만 같다.

여행은 이런 것이 아닐까. 계획하지 않은 일들이 불쑥 끼어들어 추억으로 남는 것.
딴뚝, 행정구역 명칭은 안면읍 승언3리. 이곳에서 하룻밤은 이번 여행의 덤이다.

〈안면읍 승언3리〉

오래된 그리움

#11
태안 승언리 상여
(도지정 문화재자료 제315호)

 밧개해변을 벗어나 안면읍으로 가는 길목에 은빛마트가 있다. 작은 구멍가게지만 초코과자에서 물놀이 용품까지 두루 갖추고 있다. 물을 사려고 기웃거리자 한 쪽에서 깨를 털던 할머니가 잰 걸음으로 가게 안으로 들어선다. 마트 옆에 펜션도 함께 운영한다는 주인 할머니는 해변가 가게들 보다 싼 값으로 물을 내주고는 밭에서 방금 따온 토마토를 치마에 쓱쓱 문질러 손에 쥐어 주신다.
"댕기면서 밥 굶지 말어유."
마트 앞마당에 가득한 햇살을 피해 나무 그늘에 앉아 안면읍으로 가는 길을 물었다.
"이리루 죽 가다가 굴다리 지나서 오른 편으루 다시 죽 가믄 터미널이유."
할머니는 먼 길을 짧고 간단하게 알려주신다.
"천천히 가믄서 저기 상여두 보구 가유. 볼 만 혀유."
할머니가 일러 준 길을 따라 걸었다. 한적한 시골길에 한낮의 햇빛이 나른하게 퍼지고 헐거운 구름이 계속 따라왔다. 들판으로 가느다란 바람이 한 번씩 불어오면 막 익기 시작한 벼 이삭이 이리저리 몸을 흔들며 물결쳤다.

마을 안쪽으로 들어가자 돌로 축대를 쌓고 기와를 올린 상엿집이 보였다. 돌계단을 올라 상엿집 앞에 서니 사방이 적막한데, 유리벽 안에서 잠자던 상여가 조용히 말을 걸어온다.

나는 승언리 상여입니다. 어느새 130살이 넘었네요. 내가 처음 세상과 만난 건 고종 임금님의 맏아들 완화군이 홍역을 앓다가 세상을 떠났을 때였지요. 그때 완화군 이선李墡의 나이 12세였어요. 완화군의 죽음을 두고 독살이다 뭐다 사람들은 말이 많았지요. 하지만 나는 그런 말 따위는 중요하지 않았어요. 다만, 그 꽃 같은 분의 시신을 맡아야 한다는 것을 알았을 때 내가 감당해야 했던 슬픔을 어찌 말로 다 할 수 있을까요. 눈물이 흐르고 흘러 곱게 단청을 한 내 몸이 엉망이 되어버렸죠. 여러 번 다시 칠을 해야 했어요. 그 분을 내 품에 안고 가던 날은 하늘조차 온통 먹색이었습니다. 그 분을 보내고 산을 내려와 나는 오랫동안 앓았습니다. 깊은 슬픔에 잠긴 나를 알아봐 주신 건 완화군의 시강원侍講院 스승이었던 김병년 선생님이었지요. 선생님은 당신이 죽으면 저에게 안겨 마지막 길을 가겠다고 유언을 하셨고 나는 선생님의 유훈을 따랐어요. 선생님은 혼자 남아 아파 할 나를 염려하여 당신의 낙향지인 안면도에 나를 보내라는 말도 덧붙이셨어요. 완화군을 가슴에 두고 싶으셨던 거였겠지요. 내가 완화군을 사랑한 것처럼 김병년 선생님도 완화군을 못 잊어 하셨던가 봅니다.
선생님 덕분에 나는 넓은 들판이 내려다보이는 양지 바른 언덕에 앉아 있어요. 비록 단청이 바래고 팔다리는 삭아서 볼품이 없지만 이곳 안면도 사람들은 제게 투명한 유리집을 지어주었지요. 문화재자료라는 귀한 이름도 붙여주었어요. 참 고마운 일입니다. 나는

완화군과 김병년 선생이 보고 싶을 때면 유리벽 너머로 먼 옛날을 추억합니다.
이제는 너무 늙고 힘이 없어 아무 일도 할 수 없군요. 나는 점점 더 약해지겠지요. 하지만 가끔 나를 찾아 준다면 당신과 조용히 눈을 맞추고 싶어요.

흰 새 한 마리가 상엿집 지붕을 넘어 푸른 숲으로 날아갔다. 연분홍 담배꽃이 고개를 들어 오래도록 새를 쫓았다.

〈안면읍 승언2리〉

나들이

#12
안면도 자연휴양림

승언3리에는 안면도 자연휴양림이 있다. 국내에서 유일한 소나무 천연림으로 수령 100년 내외의 안면송이 381ha에 걸쳐 조성되어 있다. 안면도 소나무는 질이 좋아 경복궁, 창덕궁, 수원화성 등을 축조하는데 쓰였고 조선시대에는 섬 전체를 '왕실의 숲'이라 하여 관청에서 직접 관리했다.

일제 강점기 때는 질 좋은 안면송을 무차별 벌채했으며 송진을 채취하느라 소나무에 상처를 입히기도 했다. 휴양림 산책로를 걷다 보면 V자 형태의 홈이 파인 채 그 때의 아픈 흔적이 남아 있는 소나무가 더러 눈에 띈다. 춘양목 혹은 강송이라 불리던 것을 안면도에만 자생하는 소나무의 특성을 살려 '안면송'이라는 고유명사로 부르게 되었다.

휴양림 안에는 산책로뿐만 아니라 산림전시관, 편의시설, 운동시설 및 수목원 등이 들어서 있다. 편의시설 '숲속의 집'은 18개 동으로 예약을 통해 이용할 수 있는 숙박시설이다. 예쁜 통나무집과 한옥으로 단장이 되어 있다. 다음 안면도를 여행할 때에는 아이들 손을 잡고 저 황토 집에 머물러야겠다.

특히 42ha 1,800여 종의 수종으로 조성된 수목원에 들어서면 동화 속 거인의 정원에 소풍 나온 듯 황홀하다. 한국전통 정원인 '아산원'과 '조팝원' '철쭉원' 등의 테마별 작은 정원을 두루 들러 보자. 갖은 꽃향기에 실려 어쩌면 동화나라로 다녀올지도 모르는 일.

휴양림은 다섯 개의 산책코스로 나뉘어 있다. A코스를 따라 소나무 숲길로 들어섰다. 곧게 뻗은 소나무 따라 키가 쭉쭉 커질 것만 같아 까치발을 하고 걸었다. 가슴을 쫙 펴고 깊은 숨을 쉬어 온 몸을 소나무향으로 가득 채웠다.

모시조개봉을 내려와 채광석 시비 앞에 섰다. 채광석은 80년대를 대표하는 민족 시인으로 안면도 출신이다. 칼칼한 그의 시를 읽고 나니 정신이 더욱 맑아진다.

〈안면읍 승언3리〉

기름진 고독의 밭에
불씨를 묻으리라
이름 모를 산새들 떼지어 날고
계곡의 물소리 감미롭게 적셔 오는
여기 이 외진 산골에서
맺힌 사연들을 새기고
구겨진 뜻들을 다리면서
기다림을 익히리라
카랑한 목을 뽑아 진리를 외우고
쌓이는 낙엽을 거느리며
한 걸음 두 걸음 조용히 다지다가
자유의 여신이 찾아오는 그날
고이 목을 바치리라
대를 물려 가꿔도 빈터가 남는
기름진 고독의 밭에
불씨를 묻으리라

-채광석 〈기다림〉

바다의 푸른 꿈

#13
정당리 안면암과 조그널섬

안면암은 이국적인 모습의 사찰이다. 정당4리에 들어서서 이정표를 따라 마을길과 숲길을 차례로 지나 십 여분 올라가면 숲 언덕에 거대한 황금색 탑이 나타난다. 작은 마을 안에 있을 법 하지 않은 큰 규모의 안면암이다. 전통사찰의 고즈넉함을 기대하고 안면암을 찾는다면 낯선 모습에 조금 당황할지도 모른다. 사찰내의 전각들은 모두 복층 구조를 하고 있다. 3층짜리 대웅전을 비롯하여 삼성각과 용왕각이 한 건물에 1,2층으로 배치되어 있다. 좁은 지형을 효율적으로 활용하기 위한 아이디어가 아닌가 싶다. 특이한 가람배치가 처음에는 생경했겠지만 이제는 불교 신자는 물론 많은 여행객이 꼭 한 번은 들러서 가는 안면도의 명물이 되었다.

고개를 젖히고 웅장한 전각들을 올려다보며 걷다가 뒤편으로 돌아가자 갑자기 확 트인 바다가 나타났다. 천수만이다. 저녁 무렵 옅은 안개에 잠긴 천수만은 호수처럼 잔잔했다.
안면암은 천수만을 향하고 있다. 천수만 건너 멀리 황도와 간월암, 그리고 보령이 희미하게 보인다. 가까운 곳에는 꼭 닮은 두 개의 작은 섬이 떠 있다. 천수만에 조기가 많이 잡힐 때 이곳 섬 주변에 조기를 널어 말렸던 곳이라 하여 '조그널 섬'이라 불리는 곳

이다. 안면암을 뒤로 하고 비탈을 내려오니 뱀처럼 기다란 부교가 조그널 섬까지 연결되어 있다. 나무판자를 나란히 엮고 양 옆에 원통형 스티로폼을 매달아 바닷물이 들어오면 물 위에 뜨도록 만든 다리다. 물이 빠졌을 때 다리를 건너면 게나 망둥어 등이 얼굴을 내밀었다 빠르게 숨으며 장난치는 모습을 볼 수 있다.

물 위에 뜬 다리를 건너 조그널 섬으로 향했다. 해가 저물어 가고 있었고 솔숲으로 된 섬은 푸른 안개에 싸여 신비로웠다. 하늘도 바다도 푸른빛으로 변했다. 바닷물이 일렁일 때마다 다리가 찰랑찰랑 흔들렸다. 몸이 가벼운 듯 느껴졌고 이렇게 물 위를 걸으며 나는 아름다운 바다 왕국으로 들어가는 꿈을 꾼다.

〈안면읍 승언3리〉

위로의 몸짓

#14
붕기풍어제
(도지정 무형문화재 제12호)

어여디 어차 어시렁 대구나

어허 어허 어이에 어어 어허 좋다

골목골목 들어오는 조기 양수 안남기고 다 잡어 대구나

어허 어허 어이에 어어 어허 좋다

오동추야 달 밝은 사리 안안팍 네물되 두덩실 나떳다

어허 어허 어이에 어어 어허 좋다

골목골목 들어오는 조기 우리 배 망자로 다 잡어 대고나

어허 어허 어이에 어어 어허 좋다

배 임자네 아주머니 술동이 밥동이 다 뒤집어 이고

발판머리서 엉덩춤 춘다네

어허 어허 어이에 어어 어허 좋다

- 황도 붕기풍어제 때 부르는 노래 (출처 : 〈천혜의 땅 안면도〉)

바다에서의 삶은 고단하고 거칠었다. 넉넉하고 고마운 바다지만 한 번씩 성이 날 때면 며칠을 으르렁거렸고 바람을 앞세워 고기잡이배들을 삼켜버렸다. 돌아오지 않는 어부를 기다리며 사람들이 할 수 있는 것이라고는 그저 바다를 달래는 일 뿐이었다.

오래 전 황도리의 한 어부가 바다에서 길을 잃고 헤맸다. 캄캄한 바다에 비바람이 몰아치고 안개마저 자욱해 도저히 방향을 알 수 없었다. 어부는 지쳤고 모든 것을 체념한 채 앉아서 죽음을 기다렸다. 그 때 멀리서 희미한 빛이 나타났다. 어부는 빛을 따라 노를 저어 겨우 육지에 닿을 수 있었다. 그 후로 황도리 사람들은 빛이 나던 곳에 당집을 짓고 제사를 지내기 시작하였다. 마을의 안녕과 풍어를 기원하는 당제, 황도 풍어제의 시작이었다.

황도리에서는 매년 설날 다음 첫 번째 토요일과 일요일 이틀에 걸쳐 풍어제를 지낸다. 처음에는 당제만 지내다가 지금은 당굿을 추가하여 온 마을 주민의 축제가 되었다. 1977년 전국민속경연대회에서 대통령상을 수상했고 충청남도가 무형문화재 제12호로 지정하였다.
풍어제를 주관하는 제주는 음력 섣달 보름날 선출하는데 선출된 사람은 이를 거부할 수 없으며 목욕재계 하고 정결한 마음으로 근신해야 한다. 동쪽에서 구한 부정 타지 않은 소를 제물로 사용한다. 풍어제 당일에는 검정색 두루마기를 입은 선주들이 각자의 선원 한두 명을 대동하고 제당에 올라가 의식을 치른다.
어부들은 배가 물에 잠길 정도로 많은 고기를 잡고 돌아올 때면 대나무를 잘라서 만든 붕기로 배를 장식했다. 만선을 상징하는 붕기를 염원하는 마음에서 당제를 붕기풍어제라고도 부른다.

〈안면읍 황도리〉

부디 손님 같은 마음으로 다녀가 주세요.

안면도 사람들과 자연이

이곳을 찾는 이들에게 남기는 간절한 메시지다.

제 6 구간
샛별길

욕심내면 안 되는 거잖아

#01
병술만 체험장

꽃지해변을 지나 숲길로 접어들었다. 곰솔림이 긴 팔을 뻗어 햇빛을 가려주고는 자기들은 갖가지 모양으로 땅 위에 그림자를 만들며 논다. 바람이 숲을 지나갈 때면 작은 나뭇잎들은 간지럼 타는 아이처럼 웅성거린다. 병술만 곰솔은 옆가지가 유난히 많고 울창하다. 다른 곳에 비해 사람 손이 덜 탄 까닭이다.

20여 분을 느리게 걸었다. 멀리 바다 쪽에서 경운기 소리가 들린다. 만조가 되려면 아직 먼 시간인데 어부는 어획한 것들을 싣고 집으로 돌아가고 있다. 그날 먹을거리만 어획하면 아무리 많은 고기가 잡혀도, 만조 시간이 아직 많이 남아 있어도 더는 욕심내지 않는다. 바닷가 사람들은 이렇게 산다.

경운기 소리가 가까워지고 숲길이 끝나자 방파제가 보인다. 바다를 막아 간척지가 되었지만 옛날 이곳은 깊숙한 곳까지 물이 들어오던 곳이었다. 전에는 안면도를 위에서 내려다보면 살을 모두 발라 낸 생선가시 모양이었다고 한다. 이러한 리아스식 해안은 갯벌과 암초로 둘러싸여 있어 천혜의 요새 역할을 했다. 고려 때 몽고에 항쟁하던 삼별초도 이곳에 주둔하여 훈련을 했다고 한다. 바다에 익숙지 못한 몽고군을 유인하여 물리치기에 적당한 지형이었다. 병술만은 군사 훈련을 하던 곳이라 붙여진 지명이며 부대가 진을 치던 둔두리, 검을 가지고 훈련을 하던 발검배, 말을 키우던 목축골, 망을 보던 언덕 망재 등 삼별초 항쟁과 관련된 지명들이 여전히 남아 있다.

병술만 어촌 체험장에 들렀다. 해변으로 내려서니 2층 철골 구조의 체험장이 부채꼴처럼 바다를 향해 있고 앞 쪽으로는 시원하게 갯벌이 펼쳐져 있다. 나무 의자가 놓인 체험장 2층은 전망대를 겸한 쉬는 장소다. 1층에는 사무실이 있고 맞은편으로는 갯벌체험용 장화와 호미, 소쿠리 등을 보관하는 선반이 있다. 선반 아래 칸에는 어른들이 신는 검은색 장화가, 윗칸에는 빨강, 파랑, 노랑, 분홍의 어린이용 장화가 놓여 있다. 가지런한 모습이 초등학교 신발장 같다.

장화를 갈아 신고 갯벌로 내려가니 서부 영화에서 튀어나온 듯한 왜건이 기다리고 있었다. 파랑과 흰색 줄무늬 천으로 지붕을 만들어 뒷좌석에 씌운 경운기였다. 먼 갯벌로 바지락 캐기 체험하러 가는 사람들을 실어 나르는 일을 한다. 스카프를 꺼내 머리에 두르고 경운기에 올라탔다. 경운기는 바람을 가르고 갯벌 위에 바퀴 자국을 남기며 바다를 향해 갔다. 작은 게들이 서둘러 길을 비켜준다.

십여 명이 호미를 부지런히 놀리며 바지락을 캐고 있다. 각자 들고 있는 소쿠리에 반질반질한 검은 바지락이 가득하다. 한 사람이 한 소쿠리씩만 잡아야 하는 규정이 있는데 이미 꽉 찬 소쿠리를 들고도 일어날 생각을 않는다. 더 이상 가져가려는 것이 아니라 호미 끝에 계속 걸려 나오는 바지락이 신기해서란다.
바다에서 보물을 캐는 느낌이라고 아빠가 말하자 초등학생 아들이 "아빠, 바지락 한 개가 바닷물 20L를 정화한대요. 바다는 넓어서 바지락이 많아야 하니까 너무 많이 잡아 가면 안 돼요." 한다. 조금 떨어진 곳에서 아이의 여동생은 갯벌 위에 난 조그만 구멍에 천일염을 뿌려 두고 맛조개가 올라오기를 기다린다. 소금이 채 녹기도 전에 엄지손가락 두 배만 한 맛조개가 쏙 올라온다. 아이는 냉큼 잡아채어 소쿠리에 담고는 딱 스무 마리만 잡으면 그만 할 거라며 수줍게 웃는다.
구름 사이에서 나온 햇빛이 보물 캐는 사람들 머리 위로 쏟아져 내린다. 여름 한낮, 모두 보석이 되어 반짝인다.

눈을 감으면

#02
샛별해변

동이 트기 전 샛별해변으로 간다. 젖은 바람이 불고 있었는데 세상은 온통 안개에 잡아먹힌 듯 하늘과 바다를 구분할 수 없다. 발을 떼면 구름 같은 안개 속을 둥둥 떠다닐 것만 같다. 어쩌면 안개는 밤사이에 바다로 내려왔다가 미처 돌아가지 못한 구름일지도 모르겠다.

앞이 보이지 않는 하얀 어둠이다. 바닷물이 밀려오는 소리와 짠 냄새가 이곳이 바다임을 알게 해 줄 뿐이다. 보이지 않으니 더 먼 바닷물 소리가 들리고 더 깊은 바다 냄새가 난다.

많은 시간을 눈에만 의지하고 지냈다. 눈이 도와주지 않을 때면 더욱 예민해지는 다른 감각으로 바다를 느끼고 싶었다. 눈을 감았다. 그러자 눈으로만 내달리던 감각들이 잦아들며 마음이 고요해진다.
샛별해변이 내는 소리가 들린다.
바닷물이 드나들며 해변의 몽돌을 건드리면 몽돌은 자기들끼리 부딪친다.
따그르르 또그르르 또록또록.
작은 파도가 밀려왔다 갈 때면 몽돌은 작은 소리를 낸다.
사그락 사그락.
맑고 아름다운 소리다. 주머니에 담아 두었다가 마음이 고단한 날 꺼내 들으면 좋겠다.

샛별해변에는 몽돌이 유난히 많다. 오랜 세월을 두고 파도와 바위가 만들어 낸 작고 동글동글한 돌맹이가 있는 이곳을 사람들은 몽돌해변이라고도 부른다.
몽돌이 구르며 내는 소리를 제대로 듣고 싶다면 샛별해변에 눈을 감고 서 보자.

안킬로사우르스의 등껍질

#03
쌀썩은여

샛별해변을 지나 산길을 걷다 중턱쯤에 다다르면 갈림길이 나온다. 그곳에서 오른쪽으로 방향을 틀어 내려가면 전망대가 있다.
산길을 오르느라 땀도 나고 쉬고 싶을 때 나타난 이곳은 '쌀썩은여'전망대이다. 반갑고 고마운 마음에 뛰어 올라갔다.

물에 잠겨 보이지 않다가 물이 빠져 나가면 모습을 드러내는 바위를 '여'라고 한다.
소나무 가지 사이로 작은 솔섬, 망재가 보이고 망재와 육지 사이 바닷물에 잠긴 곳이 바로 쌀썩은여다. 마침 바닷물이 나가고 있는 중이라 여가 살짝살짝 모습을 드러내고 있었다. 전망대에서 보이는 물에 잠긴 쌀썩은여가 은밀한 매력을 갖는다면 썰물 때 드러나는 쌀썩은여는 오랜 세월 비바람을 견뎌낸 당당함이 있다.

옛날에 전라도의 세곡을 서울로 운반하려면 주로 바닷길을 이용했다. 쌀을 실은 세곡선들이 이곳을 지날 때면 육지와 섬 사이가 좁아 물살이 세고 암초가 많아 배가 좌초되는 일이 많았다. 쌀썩은여는 그 때 배에서 쏟아진 쌀이 이곳에 고여 썩었다 해서 붙여진 이름이다. 더러 고약한 관리들은 쌀을 빼돌려 착복하고는 일부

러 여기에 배를 부딪치는 사고를 냈다고 한다. 보고를 받은 조정에서 조사를 나오면 이곳의 지형이 험한 것을 보고 인명피해가 없음을 다행이라 하여 문책 하지 않았다고 한다.
안면도를 인공 섬으로 만들게 한 배경이 되는 곳이 바로 쌀썩은여다.

물이 빠져 나가자 쌀썩은여가 웅장한 모습을 드러냈다. 뾰족뾰족한 검은 바위들이 육지에서 망재로 길게 뻗어 있다. 미끄럽고 날카로운 바위는 마치 가시를 등에 박은 거대한 안킬로사우르스가 몸을 웅크리고 엎드려 있는 것 같다. 망재로 가려면 이 공룡의 등껍질을 밟고 지나야 한다. 공룡이 잠에서 깨어나 꿈틀 거릴 것만 같다. 이곳을 지나던 옛날 세곡선들이 좌초된 것은 안킬로사우르스의 기분을 상하게 했기 때문은 아니었을까.

조심스럽게 걸어 망재를 끼고 돌아가자 바위는 더욱 커지고 날카로워졌다. 부드러운 곡선으로만 이어지던 해변과는 사뭇 다른 풍경이다. 망재 앞 쪽에는 세 개의 동굴이 바다를 향해 나 있다. 수천만 년을 두고 파도가 조금씩 만들어 낸 바위굴이다. 옛날에 용이 살다가 승천했다고 하여 사람들은 이 동굴을 '용굴'이라 부른다. 크기에 따라 아빠, 엄마, 아기 굴이라고 한다. 동굴은 낮은 움집모양으로 햇빛을 받은 안쪽 벽에는 보라색과 자주색, 푸른색 등이 섞여 신비하고 오묘한 빛으로 반짝인다.
동굴 안으로 들어가 바다를 보고 앉았다. 공기가 서늘했고 동굴에서만 느낄 수 있는 가벼운 두려움이 잠깐 지나갔다. 동굴 입구는 자연 창문이 되어 불규칙한 모양으로 바다를 잘라 보여 준다. 해변에서 보던 것처럼 넓은 바다는 아니지만 더 멀고 아득하다.

나는 지금 중생대 백악기 어느 쯤에 서성이고 있다.

안면의 얼굴 I

#04

쌀썩은여를 지나 국사봉 가는 길에 신야리에 들렀다. 신야리는 안면도 서남쪽에 있는 마을로 옛날부터 새초미역이 많아 '새들'이라고도 하고, 후에 대단위 간척지를 개발함에 따라 새로운 들판이 생겨서 새들이라고도 하였다. 이곳에 마을이 들어서면서 새들말이라고 불렀다가 한역에 의해 신야新野가 되었다.

지명의 어원을 찾는 일은 재미있고 의미가 있다. 어느 지역의 이름이 생긴 이유를 찾다 보면 자연히 그 지역의 특징이 드러나면서 그곳을 이해하게 된다. 이해하면 사랑하게 된다.

안면도에는 익살스럽고 재치 있는 옛 이름을 그대로 쓰고 있는 자연부락이 많다.
'줄'이라고 하는 볏과의 구황식물이 자라는 머리 쪽에 있다 해서 '줄밭머리'. 구석진 마을이라 붙여진 '구억말'. 집 너머에 또 집이 있다 해서 '집넘어'. 하늬바람을 막아준다는 뜻의 '하나시'. 남서풍을 막아준다는 '느다시'. (출처 : 〈천혜의 땅 안면도〉) 따뜻하고 정감 있는 이름이다. 이 마을들은 어떤 모습을 하고 있을지 궁금하다.

국사봉을 오르는 길에 마당에 고추를 널어 말리는 분을 만났다. 비닐하우스에서 이틀 동안 찐 고추를 햇빛에 말리는 중이라고 한다. 어른 손 한 뼘 보다 더 큰 고추들이 반질반질 윤기를 내며 태양 아래 누워 있다.

비닐하우스 안의 빨간 고추 사진을 찍어도 되겠냐고 묻자 그는 선뜻 그러라고 했다. 비닐하우스 문을 열자 안에서 터져 나온 공기 때문에 숨을 쉴 수가 없었다. 맵고도 뜨거운 냄새였다. 하우스 안으로 들어가는 것은 불가능했고 뜨거운 열기가 카메라 렌즈를 덮어 뿌옇게 되는 바람에 사진도 한 장 찍을 수 없었다. 내가 놀라서 뒤로 물러나자 주인아저씨는 검게 그을린 얼굴에 하얀 이를 드러내며 씩 웃는다. 이런 과정을 거치기 때문에 안면도 고추를 알아준다는 것이다. 옛날부터 안면도 고추는 빛깔이 곱고 품질이 우수하여 높은 가격에 팔렸는데 장날이면 인근의 홍성이나 서산 등에서 고추를 싣고 와 안면도 고추인 양 팔기도 했다고 한다.

마당에 널린 고추 하나를 들어 만져 보았다. 살집이 두툼하고 알싸한 매운 냄새가 나는 것이 매끈하게 잘 생겼다. 명성에 걸맞은 모양새다.

안면도 고추는 호박고구마와 함께 안면도를 대표하는 농작물이다. 사계절 내내 길옆에서 군고구마를 사 먹을 수 있는 곳도 바로 안면도다.

오래두고 천천히 둘러보아야 할 안면도. 아무래도 나는 이곳을 사랑하는 것 같다.

안면의 맛

#05

여행의 백미는 누가 뭐래도 먹는 즐거움이다. 그 지역의 대표 음식을 먹고 나서야 비로소 여행이 완성된다. 식당마다 '원조'를 주장하는 간판을 걸고 여행자의 발길을 잡는 이유다.

안면도라고 예외일 수 없다. 어느 TV 프로그램에서 안면도의 '계국지'를 소개한 적이 있어 가는 곳마다 원조일 것 같은 식당을 눈여겨보았다. 샛별길로 들어서기 전 그다지 크지 않은 간판에 계국지, 꽃게탕을 써 붙인 아담한 집으로 들어갔다. 주문한 계국지가 나오자 주인 아주머니가 직접 그릇에 떠 주며 맛있게 먹으라고 한다.
언제부터 어떻게 먹게 된 음식인지 물었다. 옛날, 없이 살 때에 시퍼런 배추를 계젓국에 담궜다가 끓여먹던 음식이란다. 지금은 배추를 삶아 넣는 집, 생배추를 그냥 넣는 집, 민물 새우를 넣는 집…, 조리법도 다양한데 원조가 따로 있겠냐고 한다. "한마디로 김칫국에다가 꽃게 두어 마리 빠트린 게 계국지여." 명쾌하고 단순한 레시피다. 그에 비하면 맛은 깊고 진하다. 안면도의 대표 주자답다.

쌀이 넉넉지 않던 어린 시절이 있었다. 어머니는 큰 냄비에 가득 물을 붓고 김치를 넣어 국수를 끓였다. 퉁퉁 불어서 두 배가 된 국수에서는 밀가루 냄새가 났으며 맵고 뜨겁기만 한 게 영 맛이 없었다. 자라면서 한동안 김치국수를 먹지 않았다. 일주일에 두세 번은 먹어서 질리기도 했고 무엇보다 가난하던 때가 생각나서였다.
그때의 어머니만큼 나이가 든 지금, 가끔 그 김치국수가 생각난다.

원조 음식을 찾는 심리는 향수가 아닐까. 어릴 적 어머니가 해주시던 투박한 맛을 원조라고 기억하며 먹고 싶어 하지만 실상 우리가 그리워하는 것은 고향이나 어머니인지 모른다. 그래서 저마다 마음속에 원조 음식 하나씩 품고 사는 것은 아닌지.

꽃게, 대하, 고사리, 해삼, 전복, 엄나물, 우럭, 그리고 붕장어를 안면도 8미라고 한다. 이곳 사람들에게 원조가 된 이 음식들을 기억해 두었다가 안면도를 여행할 때마다 하나 씩 먹어봐야겠다.

마지막 메질꾼

#06
신야리 대장간

안면도 신야1리에는 태안군에 하나밖에 없는 대장간이 있다. 3대째 대장장이를 하고 있다는 손희진 할아버지를 만나러 신야리로 갔다. 대장간 표시는 물론이고 대장간임을 짐작케 하는 어떤 도구도 보이지 않는 보통의 시골집이었는데 대문은 열려있고 아무도 없었다. 대문 앞 감나무 밑에 앉아 할아버지를 기다렸다.

얼마 지나지 않아 할아버지가 이륜자동차를 타고 나타났다. 할아버지는 연락도 없이 찾아와서 죄송하다는 내게 밭에서 일하고 오는 길이라고 다른 대답을 하신다. 대장간이 맞는지 묻자 벽에 걸린 열쇠를 내리더니 구석에 있는 헛간으로 걸어가신다.

문을 열고 들어가자 두세 평 정도 되는 공간에 농기구가 여기저기 놓여 있다. 호미, 조새(굴을 찍어 낼 때 쓰는 도구), 낫 등이 보이고 한 쪽에는 입구가 까맣게 그을린 화덕이 벽에 붙어 있다. 가운데에는 백 년도 넘었다는 모루가 얇은 먼지를 쓰고 앉아 있다. 달구어진 쇳덩이를 올리고 수 없는 메질을 견뎌냈을 모루는 귀퉁이가 닳긴 했어도 강인해 보인다. 할아버지가 그런 것처럼.
할아버지가 모루 위 먼지를 손으로 쓸어내며 말씀하신다.
"한 육십 년 넘게 했쥬. 옛날엔 해마다 호미랑 조새랑 천 개씩 맹글다가 요즘엔 오륙백 개나 되려나. 야중에는 그것두 없을거유. 농사질 사람이 있어야 농기구를 맹글지유…. 여름엔 밭일 허구 선선해지믄 허야쥬. 나두 나이가 들어서 메질하기 힘든디 사람들이 하두 해달라니까 조금씩 혀유. 인자 메질꾼이 없슈 나밖에는…."

할아버지는 올해 80세가 되셨지만 등이 꼿꼿하고 목소리도 우렁차다. 태안의 마지막 메질꾼, 손희진 할아버지의 힘찬 메질이 오래도록 이어지길 바라며 논둑을 걷다가 뒤돌아보았다. 할아버지는 빨갛게 칠한 대장간 철문에 서서 손을 흔들고 있었다.

〈안면읍 신야1리〉

높은 곳에서 멀리 바라 봐

#07
국사봉

샛별길에 안면도에서 가장 높은 봉우리 국사봉이 있다. 차를 타고 산 중턱을 돌아 마을로 내려가는 수월한 길이 있지만 정상으로 향하는 산길을 택해 올랐다.

솔잎 사이를 비집고 들어온 햇살이 상수리나무 손바닥 위에 내려앉는다. 상수리나무는 몸을 흔들어 아래쪽 나무와 풀꽃에 햇살을 나누어준다. 나무가 울창한 산 속이지만 밝은 햇빛이 미치지 않는 곳이 없다.

산길에 참나무 열매가 가지째 여기저기 흩어져 있다. 도토리거위벌레 짓이다. 도토리거위벌레는 덜 여문 도토리에 알을 낳은 후 가지를 잘라 떨어뜨려서 번식을 한다. 이파리가 있어야 떨어질 때 충격을 완화시킬 수 있고 열매가 덜 여물어야 다른 짐승들이 먹지 않는다고 하니 나름대로 영리한 생존법이다.

'도토리 파동'이란 기사를 읽은 적이 있다. 개체수가 많아진 도토리거위벌레 때문에 야생동물들이 먹어야 할 도토리 수가 점점 감소한다는 내용이었다. 도토리 파동은 농가에도 영향을 미친다. 산에서 굶주린 야생동물들이 민가로 내려와 농작물을 훼손하는 바람에 농촌에서는 골칫거리다.

하지만 우리가 알아야 할 중요한 사실은 도토리거위벌레가 증가하는 이유가 지구온난화 때문이라는 것이다. 도토리파동의 주범은 도토리거위벌레가 아니라 사람이었다.

국사봉 정상에 오르니 풀은 무성하게 자라 무릎까지 오는데 듬성듬성 피어있는 연보랏빛 무릇꽃이 바람에 흔들거리며 반긴다. 키 큰 소나무랑 참나무 등이 빙 둘러 바다를 굽어보고 서 있다. 높다고는 하지만 해발 107m의 국사봉은 아침나절이나 해질녘 가벼운 산책을 다녀와도 좋을 정도로 경사가 완만하고 정비가 잘 되어있다. 그래서인지 정상의 평평한 풀밭에는 빨간 칠을 한 운동기구 서너 개가 놓여 있다.

눈을 들어 먼 곳을 바라보았다. 멀고 가까운 바다에 등을 구부리고 앉은 섬들, 만을 따라 옹기종기 들어선 마을들…. 익숙한 것일수록 때로 멀리서 보아야 아름다운 법. 그래서 일까. 높은 곳에 오르면 가슴이 뻥 뚫리며 시원해지는 이유가.

안면도에 해가 뜨는 모습과 해가 지는 모습을 모두 볼 수 있는 곳, 리아스식 해안이란 바로 이런 것이라고 보여주는 곳이 바로 국사봉 정상이다. 맑은 날이면 태안의 백화산을 비롯해 바다 건너 홍성과 보령까지 선명하게 보인다. 구불구불 해안을 따라 눈을 돌리면 노을길, 샛별길, 바람길 등 안면도 해변길 전체가 한눈에 들어온다.

오래 전 옛날 이 마을에 가뭄이 들고 전염병이 돌아 사람들이 고통스런 나날을 보냈다. 어느 날 노승이 나타나 마을 뒷산에 서낭당을 세우고 지극하게 소원을 빌면 이루어 질 것이라고 말했다. 노승은 만일 소원이 이루어지면 그 산을 반드시 국사봉[國師峰]이라고 불러야 한다는 당부를 하고 홀연히 사라졌다. 사람들이 노승의 말을 따라 당을 짓고 정성껏 제를 올리자 갑자기 먹구름이 덮이며 비가 내리기 시작했다. 가뭄은 해소되고 유행병도 없어졌다. 얼마 후 노승은 당주의 꿈에 나타나 국사봉을 가리키며 '앞으로 복된 마을이 될 것이다.'고 예언했다.
이후로 '도력 높은 스님이 사시는 곳' 이란 뜻을 가진 국사봉 아랫마을 사람들은 여유롭고 넉넉하게 살았다.
정상에서 샛별해변 반대 방향으로 300m 남짓 내려가면 서낭당이 나온다.

국사봉 정상에 오르니
풀은 무성하게 자라 무릎까지 오는데
듬성듬성 피어있는 연보랏빛 무릇꽃이
바람에 흔들거리며 반긴다.

짧고도 긴 휴식

#08
황포항

홍수가 나면 누런 황톳물이 흘러서 누런개라 하였고 이를 한자로 황포(黃浦)라고 불렀다는 포구. 황포는 샛별길의 마지막 구간이다. 바닷물이 밀려나는 중인지 얕은 물에 고깃배 한 척이 떠 있고 먼 곳으로 물새 한 마리가 날아갈 뿐 포구는 한적했다.
국사봉을 오르느라 지친 다리를 쉬기에는 그만이었다. 신발을 벗고 방파제에 걸터앉아 천천히 둘러보았다. 방파제 앞에 식당이 하나 있고 그 뒤로 마을로 이어지는 길이 나있다. 누런 개 한 마리가 어슬렁거리며 오후 산책을 하고, 하늘엔 빗자루로 쓸어 놓은 듯 매끈한 구름이 흩어져 움직이지 않는다.

아무런 일도 하지 않고 그저 앉아만 있어도 좋은 장소가 있다. 처음이지만 낯설지 않고 오래된 친구를 만난 것처럼 마음을 내려놓을 수 있는 그런 곳이 황포였다. 특별할 것 없는 작은 포구지만 오랜 시간 나를 기다려준 것 같은 이곳에서 늦도록 앉아 있고 싶었다.
주머니 속 휴대전화를 끄고 황포에 부는 바람 속으로 스며들었다.

이제는 아주 작은 바람만을 남겨둘 것
흐르는 물에 징검돌을 놓고 건너올 사람을 기다릴 것
여름 자두를 따서 돌아오다 늦게 돌아오는 새를 기다릴 것
꽉 끼고 있던 깍지를 풀 것
너의 가는 팔목에 꽃팔찌의 시간을 채워줄 것
구름수레에 실려 가듯 계절을 갈 것
저 풀밭의 여치에게도 눈물을 보내는 일이 없을 것
누구를 앞서겠다는 생각을 반절 접어둘 것

—문태준 〈오랫동안 깊이 생각함〉

안면도가 아껴둔 바람길로 향한다.
길의 끝은 영목항, 항구는 기다림의 장소다.
삶의 속도를 늦추고 여기 앉아 기다림을 배운다.

제 7 구간
바람길

고요하고 평화로운

#01
법정사 목조관음보살좌상
(도지정 문화재자료 제400호)

안면읍에서 고남 방향으로 가는 길에 지포저수지가 있다. 저수지는 숨어 있다가 놀라게 하는 반가운 친구처럼 기대하지 않았던 곳에서 만나게 된다. 크지 않은 몸을 모퉁이에 숨긴 채 수련 이파리를 가득 띄우고 있었다.

지포저수지 세 갈래 길에서 오른 쪽으로 접어드니 낙엽이 쌓인 오솔길이 이어진다. 간간이 새 소리만 들릴 뿐 호젓한 길에 이른 낙엽이 쌓였다. 낙엽을 한 움큼 주워 공중에 뿌려도 보고 서걱서걱 밟기도 하며 10여 분을 걸어 도착한 곳이 태봉산 법정사.

태봉산을 위에서 내려다보면 마치 거북이 등처럼 골이 진 모습이라고 한다. 그래서 200여 년 전 이곳에는 지형을 본뜬 귀곡사龜谷寺라는 암자가 있었다. 세월이 흐르면서 귀곡사는 없어지고 그 터에 세워진 것이 법정사다.

소나무가 빙 둘러서서 담장을 대신하는 법정사는 아담하고 정갈했다. 말 그대로 절간처럼 고요한 마당에는 철 늦은 코스모스만 활짝 피어 수런거리고 있었다. 전각이라고 해봐야 대웅보전 건물 하나와 그 옆으로 들어선 허름한 요사채가 전부였다. 입구에 '공부 중입니다. 참배하고 가세요.'라는 팻말을 읽으니 마음도 따라서 고

요하고 평화로워졌다.

법정사 대웅전에는 조선후기(17~18세기)에 만들어진 것으로 추정되는 목조관음보살좌상이 모셔져 있다. 부드럽고 온화한 얼굴에 근엄한 위용을 하고 있는 이 좌상은 충청남도가 2009년에 지정한 문화재자료 제400호다. 목조 불상이 드물어서 희소가치가 있을 뿐 아니라 무릎으로 내려올수록 커지고 넓어지는 구조를 하고 있어 안정감이 뛰어난 작품으로 인정받았다.

높이 52.0cm 의 이 관음보살좌상을 훼손된 부분을 보수하고 유리상자에 모신 다음 닫집을 올려 참배할 수 있도록 했다.

〈안면읍 장곡4리〉

기록, 그리고 기억

#02
고남패총박물관

고남패총박물관에 들렀다. 박물관은 바다가 내려다보이는 언덕에 자리하고 있는데 바다 옆으로 빨갛고 파란 지붕을 한 집들이 머리를 맞댄 채 서 있다. 동화 속 그림처럼 예쁘다.

2002년에 개관한 박물관은 별도의 건물에 각각 제1전시관과 제2전시관으로 나누어 놓았다.
바다를 정면으로 바라보고 있는 제1전시관에는 고남리 패총에서 출토된 유물을 중심으로 전시되어 있다. 신석기시대와 청동기시대의 토기, 석기, 뼈 연모, 조가비 장신구 등의 유물을 전시한 상설전시실, 원삼국시대부터 조선시대까지 각 시대별 유물을 한 눈에 볼 수 있도록 한 역사실, 사진과 영상물로 문화재를 감상 할 수 있도록 한 영상기획실 등이 있다. 또한 체험학습실을 두어 토기 무늬찍기나 소라화분 만들기 등의 다양한 체험활동 프로그램도 진행하고 있다. 체험을 통해 아이들과 함께 선사시대 사람들의 생활과 문화를 느껴 봐도 좋겠다.

제2전시관은 민속생활관으로 농촌생활과 어촌생활이란 주제로 다양한 전시를 하고 있다. 태안의 풍어제와 관련된 다양한 민속행사

를 한눈에 알아 볼 수 있도록 정리를 잘 해두었고 어촌 마을 집과 사람들을 재연 전시하고 전통 농기구와 어로도구들을 놓아두어 어촌 마을에 마실 온 듯 정겨웠다. 특히 독살이나 전통 소금인 자염을 만드는 방법을 디오라마 형식으로 재연하여 실제와 가깝게 표현해 두었다.

규모가 큰 박물관은 아니지만 구석구석 세심하게 관람객을 배려한 모습들이 보였다. 입구까지 배웅하면서 설명을 하고 불편한 점이 없었는지 챙기던 직원들의 마음 씀씀이가 고맙다.

〈고남면 고남리〉

시인을 추억하며

#03
대아도 천상병 고택

천수만이 내려다보이는 대야도 언덕위에 천상병 시인의 고택이 있다. 시인이 안면도 출생은 아니지만 생전의 작은 인연이 이곳에 그의 자취를 남기게 했다.
시인의 집은 서울 수락산 자락에 있었다. 안면도에 살면서 시인과 가깝게 지내던 한 농부가 어느 날 재개발로 인해 시인의 집이 철거된다는 소식을 들었다. 농부는 시인의 숨결이 아직 남아있던 집을 그대로 사라지게 할 수 없었다. 자비를 들여 시인의 집을 자기의 고향 안면도로 옮겨와 복원했다. 시인의 고택 옆에 문학관을 짓고 숙박시설을 마련하여 전시회나 시 낭송회 등 예술인들을 위한 공간으로 만들었다. 지금은 농부의 미망인이 그 뜻을 이어가고 있다.

시인의 고택은 소나무 숲 얕은 언덕에 앉아 있다. 마당 한편에 뚜껑 없는 장독들이 거꾸로 세워져있고, 방 세 칸이 일자로 놓인 시멘트벽에 슬레이트를 얹었다. 부엌은 따로 없고 방문 옆에 연탄아궁이 두 개를 만들어 두었다. 아궁이 위에는 양은솥과 냄비가 뽀얗게 먼지를 쓰고 놓여 있다. 오래된 책이며 앉은뱅이책상, 칠이 벗겨진 책꽂이 등 시인이 쓰던 물건이 두 개의 방을 채웠고 나머지 방에는 시인이 흑백사진 속에서 웃고 있거나 앉아서 사색하고 있다.

바람이 불어 솔향기가 날아오면 시인은 행복하려나.
어둠이 내리는 언덕길을 내려오다가 돌아 본 시인의 옛집은 고단했지만 검소하고 맑았던 시인과 닮아 있었다. 시인은 가난을 이렇게 노래했다.

오늘 아침을 다소 행복하다고 생각는 것은
한 잔 커피와 갑 속의 두둑한 담배
해장을 하고도 버스 값이 남았다는 것
오늘 아침을 다소 서럽다고 생각는 것은
잔돈 몇 푼에 조금도 부족함이 없어도
내일 아침 일도 걱정해야 하기 때문이다
가난은 내 직업이지만
비쳐오는 이 햇빛에 떳떳할 수가 있는 것은
이 햇빛에도 예금통장은 없을 테니까……
나의 과거와 미래
사랑하는 내 아들딸들아
내 무덤가 무성한 풀섶으로 때론 와서
괴로웠음 그런대로 산 인생 여기 잠들다, 라고
씽씽 바람 불어라
—천상병 〈나의 가난은〉

〈안변읍 중장5리〉

안면의 얼굴 Ⅱ

#04

막차 시간에 맞추려고 택시를 탔다. 내가 안면도 도보여행중이라고 하자 기사는 자신이 안면도에서 태어나 칠십이 가깝도록 이곳을 떠나 본 적이 없다며 가이드를 자처했다. 터미널로 가는 짧은 시간동안 그가 들려준 안면도는 유쾌하고 따뜻했다.

해안도로를 지날 때 바다로 잠깐 시선을 돌리던 그가 무심하게 말한다. "섬이 노네유."
네? 무슨 말씀이신지…. 내가 알아듣지 못하자 그가 어깨를 한번 으쓱하더니 재미있는 이야기를 들려준다.

오늘처럼 안개가 낀 날 바다를 보고 있으면 조금 전까지 보이던 섬이 갑자기 없어지거나, 없던 섬이 휙 나타나기도 하고 이쪽에서 저쪽으로 자리를 옮겨 앉은 것처럼 보이기도 하는데 그럴 때 이곳 사람들은 '섬 놀다'라고 표현한다는 것이다. 천진하고 익살스런 비유다. 섬에게 생명을 주어 친구처럼 대하는 바닷가 사람들, 안면도 사람들이다.

내친김에 안면도 사투리가 궁금해서 물었다. 그는 기다렸다는 듯

내게 문제를 낼 테니 풀어보라고 한다. 사투리를 표준어로 맞추는 문제였다.
구락쟁이, 호랑, 탑새기, 두렁치, 시절, 솔꼴….
잠시만요, 여기 대한민국 맞지요?
하하하.
우리는 어느새 친구가 되어 거리낌 없이 웃었다.
그가 알려준 정답은 이렇다. 구락쟁이는 아궁이, 호랑은 주머니, 탑새기는 미세먼지, 두렁치는 포대기, 시절은 바보 혹은 답답함, 그리고 솔꼴은 솔잎.

터미널이 가까워지자 그가 헛기침을 몇 번 하더니 노래처럼, 시처럼 읊기 시작했다.

국사망림-국사봉에 올라 안면도를 바라보는 경치
삼봉노도-삼봉에 부딪치는 우렁찬 물결과 산
백사교범-백사장에 석양을 싣고 돌아오는 돛대
서포고암-젓개의 할미할아비바위
서해낙조-해 떨어지는 서해의 절경
두지총림-두지도 수풀 사이의 제사당
명사당화-해변 모래사장에 핀 해당화
내파수도 구석(球石)제방-내파수도 천연기념물

(출처 : 〈천혜의 땅 안면도〉)

안면도에 오면 반드시 들러 보아야 할 8경이라고 한다.
운율에 맞춰 구수한 목소리로 안면도를 요약 정리해 주고는 잘 가라고, 다음에 꼭 다시 오라고 따뜻하게 웃으며 말한다.
집으로 가는 버스 안에서 생각한다. 바다도 하늘도 이방인까지도 오랜 친구로 만들어 버리는 안면도 사람들의 매력은 어디에서 나오는 것일까.

마법에 걸린 운여

#05
운여해변

'앞 바다가 넓게 트여 파도가 높고, 바위에 부딪치는 파도가 만들어내는 포말이 장대하여 마치 구름과 같다.' 운여雲礖 해변을 설명하는 말이다.

운여해변의 방파제는 돌계단으로 되어 있다. 거센 파도에 잘 견딜 만한 커다란 돌을 벽돌처럼 쌓아 계단을 만들었다. 밀물 때 돌계단 밑에서 부서지는 파도는 하얀 거품 색이 된다. 물이 빠지고 나서 길게 늘어선 돌계단을 객석으로, 거대한 백사장을 무대로 콘서트라도 연다면 세상 어디에도 없을 야외음악회가 될 것 같다.

사람들이 모두 돌아간 밤, 운여해변에서는 콘서트가 열린다.
달이 떠올라 바다 위에 길을 만들면 그 길로 별들이 내려와 반짝이는 조명을 켜고, 바람이 돌아다니며 조개나 게 등을 불러 돌계단 객석에 앉히고 나면 공연 준비는 끝난다. 그러면 바다는 파도를 밀어내 모래와 자갈을 부딪쳐 아름다운 소리를 낸다. 어떤 날은 파도끼리 어깨동무를 하고 달려와 돌객석에 부서지며 힘찬 노래를 들려주기도 하겠지.
깊은 밤 파도소리는 바다가 준비한 무료 공연.

운여는 잘 알려지지 않은 해변길의 보석이다. 찾는 사람이 많지 않은 덕분에 거칠고 싱싱한 자연이 아직 남아 있다. 하지만 요즘 운여가 술렁인다. 보석을 찾아낸 눈 밝은 사진작가들이 모이기 시작했기 때문이다.

운여해변 방파제가 끝나는 남쪽에 소나무가 나란히 서서 작은 숲을 이루고 있다. 오래전 이곳은 방파제였는데 어느 날 거센 파도가 밀려와 한쪽 끝이 끊기고 말았다. 밀물 때가 되면 이곳으로 넘어 온 바닷물이 육지 쪽에 모여 호수를 만들고 소나무 숲은 섬이 된다. 붉은 해가 소나무 숲 뒤로 넘어 가고 어둠이 들기 시작하면 이 솔섬은 마법에 걸린다. 호수 위로 솔섬과 붉은 구름, 푸르게 어두워 가는 하늘이 또렷하게 반영되어 똑같은 풍경이 땅 위에, 그리고 호수 위에 쌍둥이처럼 나타나는 것이다.

완전한 어둠이 찾아오면 솔섬은 마법에서 풀리겠지만, 어쩌란 말인가. 가슴 깊이 파고드는 이 황홀한 여운은.

여신의 손길

#06
바람아래해변

이른 아침 아무도 다녀 간 흔적 없는 백사장에 발자국을 찍으며 걷는다. 장삼포와 장곡해변을 지나 바람아래로 간다.
서너 개의 전망대를 지나서 바람아래 전망대에 올랐다. 비늘처럼 반짝이는 먼 바다 위에 섬들이 떠다닌다. 효자도, 원산도, 고대도, 장고도, 그리고 섬들. 발밑으로는 '바람아래' 백사장이 바다로 한없이 뻗어있다. 저렇게 넓은 곳이 언제 물에 잠겼을까 싶다.

용이 승천할 때 큰 바람과 조수변화를 일으켜 모래 둑이 형성되었다는 바람아래해변 사람들은 아직도 바람 여신이 살아서 이곳을 지킨다고 믿는다. 그래서일까. 바람아래해변에 섰을 때 골골이 이랑이 진 백사장을 넘어 불어오던 바람이 부드럽게 뺨을 쓰다듬고 지나갔다.

긴 백사장에 설치된 대나무 모래포집기를 따라 걷다보면 멀리 솔섬이 보인다. 국립공원 관리공단에서 특별보호구역으로 지정한 '할미섬'이다. 입구에 출입금지 팻말이 서 있다. 할미섬 주변 모래밭에 서식하는 태안해안국립공원 깃대종 표범장지뱀을 보호하기 위해서다.

표범장지뱀은 몸길이가 7~9cm 정도며 꼬리길이만 해도 7cm이다. 등면에는 알갱이 모양의 작은 비늘이 있다. 등쪽에 표범무늬 모양의 얼룩반점이 있으며 네 개의 다리에도 동그란 얼룩무늬가 퍼져 있는 것이 특징이다. 발톱은 끝이 날카롭고 잘 발달되어 있다. 주로 강변의 풀밭이나 모래, 돌 밑 또는 흙 속에 구멍을 파고 살며, 행동이 날쌔고 곤충을 잡아먹는다. 서해안 사구와 강원도, 경상도 일원에 서식하며 멸종위기야생동물 2급으로 지정되어 보호받고 있다.

뱀이라고 해서 기다란 모양을 생각했는데 그림에서 본 표범장지뱀은 도마뱀처럼 생겼다. 행여 볼 수 있을까 모래밭을 기웃거려 보았지만 스스슥 서둘러 지나가는 소리만 풀잎 사이에 여운으로 남았다.

바람이 쌓아 둔 모래언덕에 표범장지뱀과 갯방풍 같은 사구동식물이 살고 있다. 우리가 욕심내어 모래를 퍼 나르던 한 때, 갈 곳 없는 이들을 품었던 것은 바람의 여신이었겠지.

넉넉한 살림살이

#07
옷점항

바람아래해변을 지나 옷점항으로 가려면 방파제 길을 지난다. 느리게 걷다 보면 군데군데 작은 돌섬들이 보인다. 예전에 이곳이 바다였고 저 돌산들은 섬이었을 텐데 지금 바다의 흔적은 없고 그저 뭍이 되고 돌산이 되었다. 다시 시간이 흘러 어느 쯤에 가서는 또 다른 모습이 되려나. 세월 따라 몸을 바꾸는 것이 단지 살아있는 것만의 일은 아니구나.

옷점항 조개부리마을은 환하다. 마을길을 사이에 두고 낮은 담벼락마다 알록달록 그림이 그려져 있다. 물고기나 조개 같은 바다생물이 주를 이루지만 어촌마을 아이들의 노는 모습이나 꽃과 새 등 그림의 소재가 다양하다. 붉은 리본으로 묶은 선물포장처럼 색칠한 창고도 눈에 띈다. 해변길을 조성하면서 밋밋한 콘크리트 벽에 지역주민들이 그림을 그리고 색칠을 하여 이 마을의 또 다른 이름 벽화마을을 만들었다.
벽화가 그려진 낮은 담장 너머로 집 안이 훤히 들여다보인다. 빨갛고 파란 빨래가 좁은 마당을 가로지른 빨랫줄에 널려있고 조개껍질 더미가 마당에 쌓여있다. 햇빛이 골목 구석까지 들어와 비추는 여유롭고 한적한 풍경이다.

마을 끝 언덕에 전망대 겸 쉼터가 있다. 계단을 내려가면 바로 갯벌이고 밀물 때면 아래까지 물이 찬다. 먼 갯벌에서 체험을 하는 듯 사람들이 옹기종기 앉아 있었다. 웃점항에 관한 얘기가 적힌 팻말이 있어 들여다보니 칠이 벗겨지고 색이 바래 형체만 있을 뿐 읽을 수 없었다. 평상에 앉아 계시던 할머니 몇 분이 자리를 내어 주며 앉으라고 한다. 바람이 시원해서 한여름에도 십 분만 앉아있으면 춥다고 한다. 이곳을 왜 웃점항이라고 부르냐고 물었더니 "옛날에 하두 잘 살아서 옷을 잘 해 입었다 혀서 그랬대유." 말씀하시고는 홀홀 웃으신다.

예부터 이곳에는 조개가 많이 잡혀 살림이 넉넉했다고 한다. 지금도 매년 음력 1월14일이 되면 조개부르기제를 지낸다. 마을 앞바다에 만선을 기원하는 오색 깃발을 단 배를 띄우고 음식을 장만하고 풍악을 울려 제를 지낸다. 흰색 도포를 입은 마을 어른들이 조개 씨를 부르는 의식을 하고 나면 여자들은 제삿상 위의 음식을 경쟁하듯 먼저 가져간다. 좋은 것을 먼저 가져가야 더 많은 조개를 잡기 때문이라나.

겨울이 되면 석화로 높은 소득을 올리고 그 껍질로 담장을 쌓는다.

마을을 부르는 이름도 이들의 살림처럼 풍요롭다. 웃점마을, 조개부리마을, 벽화마을.

이곳에 오면 갯벌에서 조개 캐기를 할 수 있고 염생식물인 함초를 이용하여 인절미와 비누만들기 등의 체험을 할 수 있다.

앞마당엔 바다를 들여 놓고

#08
가경주마을

옷점항을 지나 고개를 넘다보면 바다를 끼고 아늑하게 들어앉은 마을이 보인다. 바닷물에 비치는 모습이 아름답다는 가경주마을이다.

거친 바다와 맞서야 했던 사람들은 지붕 낮은 집을 지었다. 키 작은 집들은 세찬 바람에도 견뎌야 했으므로 담장과 담장 사이를 좁혀 나란히 세웠다.
대문을 열면 좁은 도로가 있고 도로를 건너면 바로 바다다. 도로는 마을길이면서 방파제 역할도 한다. 이 마을에 아침이 오면 작은 창 너머로 비늘처럼 반짝이는 바다가 보일 테고, 반찬이 마땅찮은 저녁이면 밥을 안쳐두고 나와 고기를 잡아 상에 올릴 것만 같다. 텃밭에서 푸성귀를 뜯어오듯 가경주마을 사람들은 앞마당 같은 바다에 가서 저녁 찬거리를 마련하겠지.

초등학교 시절 방학 때면 아버지는 나를 강원도 홍천 고모 댁으로 데려가셨다. 새벽에 일어나 기차를 타고 다시 버스로 꼬불꼬불한 산길을 달려 고모 집에 도착하면 어두운 밤이었고 차멀미에 지친 나는 그대로 쓰러져 아침까지 잠을 잤다. 멀미약을 먹고 배꼽에

파스를 붙여도 차멀미를 이겨내지 못했는데 그러면서도 내가 꼬박꼬박 아버지를 따라 나선 이유가 있었다.

냇가에서 잡은 고기 때문이었다. 고모네 대문 밖으로 넓은 개울이 흘렀는데 사촌 오빠는 된장을 뭉쳐서 어항에 넣고는 그것을 개울 바닥 돌 밑에 숨겨 두었다. 한참 물놀이를 하고 돌아와 보면 꺽지나 피라미 같은 작은 고기가 어항에 가득했다. 오빠는 그것들을 손으로 대충 손질해서 초고추장에 찍어 내게 주었다. 어린 나는 쪼그리고 앉아 잘도 받아먹었는데 그런 내가 신기했는지 방학 내내 오빠는 민물고기를 잡았고 나는 그 많은 것들을 다 먹어 치웠다.

덕분에 이름도 생소하고 무서운 일본식 기생충에 감염되어 한동안 약을 먹고 어머니에게 꾸중을 들어야 했지만 방학이면 어김없이 나는 고모네로 갔다.

나는 여전히 물고기가 좋다. 민물고기면 어떻고 바닷고기면 또 어떠랴. 아침 밥상에도 비린 향기가 심한 젓갈을 올려 식구들의 눈총을 받기도 하지만 비릿하면서도 달콤한 그 맛을 포기할 수는 없다.

전생에 혹시 어부였을까. 가경주마을 어디쯤 지붕이 가장 낮고 작은 집이 어쩌면 내가 살던 집일지도 모르겠다. 전봇대 뒤로 출렁이며 떠 있는 낡은 배가 왠지 낯설지 않다.

기다림을 안다는 것은

#09
영목항

영목항 수협공판장에는 꽃게 분류 작업이 한창이었다. 꽃게를 크기에 따라 선별하여 양 옆으로 줄지어 놓은 플라스틱 바구니에 담는 작업이다. 대여섯 명의 젊은 사람들이 손에 잡히는 느낌만으로 꽃게의 크기를 잘도 골라냈다. 어찌나 빠른지 손이 보이지 않는다. 파닥거리는 꽃게들이 서로의 몸에 부딪치며 요란한 소리를 낸다. 포장마차 지붕 위로 떨어지는 빗소리 같은 경쾌하고 즐거운 소리다.
9, 10월에 영목항에서는 하루 2톤가량의 꽃게를 출하한다.

영목항은 안면도의 마지막 항구이면서 섬으로 가는 시작점이기도 하다. 남쪽을 향하고 있는 영목항에서 바다를 건너면 충남 보령에 닿고 고대도, 장고도, 외도로 가는 여객선이 여기서 출항한다. 인근의 섬을 돌며 바닷길 여행을 할 수 있는 유람선도 영목항에서 시작한다. 하지만 모두 물때가 맞을 때 가능한 일이다. 물이 들어오길 기다려야 한다.

바닷가 사람들은 기다림을 알고 있다. 더디게 여무는 농작물을, 하루에 두세 번 읍내로 가는 버스를, 일찍이 대처로 떠난 자식을